이 책을 효과적으로
필자의 《일문일답》(2
효과가 배가되는 좋은

왜냐하면 《일의 원칙》이
일을 해서 성과를 창출하는 프로세스와 단계에 대한
원론적인 기준을 제시한 책이라면,
《일문일답》은
《일의 원칙》의 각 장별로 실무에서 현실적으로 부딪힐 수 있는
구체적인 문제와 이슈를 질의응답 형식으로 풀어 놓았기 때문에
현업에서 내일부터 바로 접목하는 데에
아주 명쾌한 힌트를 줄 수 있기 때문이다.

부디 《일의 원칙》과 《일문일답》을 실무에 잘 적용하여
하는 일마다 성과를 창출하는 것은 물론,
인사 평가에서도 S등급을 받고
조직에서 누구보다 일 잘하는 핵심인재로 인정받기를
진심으로 기원한다.
– 프롤로그 중에서 –

일 잘하는 방법에 관해 직장인들이 가장 궁금해하는 250문 250답
일문일답
류랑도 지음 | 값 16,800원

**주 52시간 시대, 효율적으로 일하면서 최고의 성과를 내고 싶은
직장인이 반드시 읽어야 할 성과코칭 실무서**
"이 책의 어느 페이지를 펼쳐도
일에 대한 지금 나의 고민이 명쾌하게 해결된다!"

CEO라면 누구나 요구하고,
일을 하는 사람이라면 반드시 지켜야 할

일의 원칙

초판 1쇄 발행일 2022년 6월 24일

지은이 류랑도
펴낸이 박희연
대표 박창흠

펴낸곳 트로이목마
출판신고 2015년 6월 29일 제315-2015-000044호
주소 서울시 강서구 양천로 344, B동 449호(마곡동, 대방디엠시티 1차)
전화번호 070-8724-0701
팩스번호 02-6005-9488
이메일 trojanhorsebook@gmail.com
페이스북 https://www.facebook.com/trojanhorsebook
네이버포스트 http://post.naver.com/spacy24
인쇄·제작 ㈜미래상상

ⓒ 류랑도, 저자와 맺은 특약에 따라 검인을 생략합니다.

ISBN 979-11-87440-96-3 (13320)

* 책값은 뒤표지에 있습니다.
* 잘못된 책은 구입하신 곳에서 바꾸어 드립니다.

CEO라면 누구나 요구하고,
일을 하는 사람이라면 반드시 지켜야 할

일의
원칙

· 류랑도 지음 ·

트로이목마

성장시대의 일의 원칙 vs. 성숙시대의 일의 원칙

성장시대의 일의 원칙은 내부만족이고,
성숙시대의 일의 원칙은 고객만족이다.

고객을 위한 일의 주인도 상사에서 실무자로 바뀌어야 한다.
고객의 니즈(Needs)와 원츠(Wants)를
실무자가 가장 잘 알고 있기 때문이다.

이제 시장의 주인이 고객으로 바뀌었으니
열심히 일하는 것도 중요하지만 제대로 열심히 일해야 한다.
일정에 맞추어 일을 마치는 데 급급한 것이 아니라
고객이 기대하는 결과물의 기준에 맞게
정해진 일정 내에 끝내야 한다.

지금까지 일의 원칙은,

무엇(What)을, 언제(When)까지, 어떻게(How) 할 것인지였고,

과제와 일정과 추진 계획이 주요 기준이었다.

앞으로의 일의 원칙은,

무엇(What)을, 언제(When)까지 수행하여,

고객이 기대하는 성과물(Expected Performance)을,

어떤 인과적인 달성 전략(Causal Targeting)과

실행 계획(Action Plan)을 실행하여 달성할 것인지이다.

과제와 납기와 성과목표와 인과적인 달성 전략과 실행 계획이

주요 기준이다.

일의 원칙의 핵심은,

일을 하기 전에

성과목표와 인과적인 달성 전략을 수립하는 것이다.

일이 끝나고 나서

실적을 보고하고 결과 피드백을 보고받는 방식은 예전의 원칙이다.

앞으로는 일이 끝날 때마다

스스로 성과를 평가하고 개선과제를 도출하고 만회대책을 수립하여

상위리더의 피드백 코칭을 받는 것이 원칙이다.

일을 하기 전에

프리뷰(preview)를 통하여 기획하고 계획하고,

일을 할 때는

캐스케이딩(cascading)하고 협업하며,

일이 끝나고 나면

그때그때 리뷰(review)를 통해 성과 평가하고 피드백하는 것이

새로운 시대의 새로운 일의 원칙이다.

새로운 시대의 일의 원칙이 제대로 적용되기 위해서는
임원, 팀장, 지점장, PM, 파트장과 같은 직책자는
상사의 역할에서 리더의 역할로 바뀌어야 한다.

조직관리, 사람관리 방식이
상사 중심의 근태관리 방식에서
실무자 중심의 R&R(role & responsibility)관리 방식으로 바뀌어야 한다.
일하는 방식도
실적관리 방식에서 성과관리 방식으로 바뀌어야 한다.

일의 원칙이 바뀌고 일하는 방식이 바뀌려면,
임원, 팀장과 같은 직책자는 상사에서 리더의 역할로 혁신해야 하고
팀원과 같은 실무자는 부하직원에서 성과책임자로 환골탈태해야 한다.

성장시대의 공급자 중심 일의 원칙과
성숙시대의 수요자 중심 일의 원칙은 당연히 다를 수밖에 없다.

이 책을 효과적으로 활용하기 위해서는
필자의 《일문일답》(2019)을 같이 읽으면,
효과가 배가되는 좋은 독서가 될 것이다.

왜냐하면 《일의 원칙》이
일을 해서 성과를 창출하는 프로세스와 단계에 대한
원론적인 기준을 제시한 책이라면,
《일문일답》은
《일의 원칙》의 각 장별로 실무에서 현실적으로 부딪힐 수 있는
구체적인 문제와 이슈를 질의응답 형식으로 풀어 놓았기 때문에
현업에서 내일부터 바로 접목하는 데에
아주 명쾌한 힌트를 줄 수 있기 때문이다.

부디 《일의 원칙》과 《일문일답》을 실무에 잘 적용하여
하는 일마다 성과를 창출하는 것은 물론,
인사 평가에서도 S등급을 받고
조직에서 누구보다 일 잘하는 핵심인재로 인정받기를
진심으로 기원한다.

성수동 협성재에서 류랑도

• 시대 변화에 따른 일의 원칙의 변화 •

구분	지금까지	앞으로
시대적 모습	성장시대	성숙시대
타기팅	공급자	수요자
일의 원칙	내부만족 열심히	고객만족 제대로 열심히
	무엇을 언제까지 어떻게	고객이 기대하는 성과물을 일정 내에 어떤 인과적 달성 전략과 실행 계획으로
주요 기준	과제 일정 추진계획	과제 납기 성과목표 인과적 달성 전략 실행 계획
일을 하기 전	과제와 일정 추진계획	성과목표와 인과적 달성 전략 기획과 계획 by 프리뷰
일을 할 때	주간 업무회의 일일 업무보고	캐스케이딩 협업
일이 끝난 후	실적 보고 결과 피드백보고	자기 성과 평가 개선과제 도출 만회대책 수립 상위리더의 피드백 코칭
관리 방식	상사 중심 근태관리	실무자 중심 R&R관리
상위직책자 역할	상사	리더
실무자 역할	부하직원	성과책임자

차례

• PART 1 •
본질 편:
원칙에 맞게 일을 해서
성과를 내는 것

Chapter 1. 일

Chapter 2. 성과

Chapter 5. 실행

Chapter 6. 평가

Chapter 7. 역량

본질 편

원칙에 맞게 일을 해서
성과를 내는 것

Chapter 1

일

"단연코 인생이 주는 최고의 상은
할 만한 가치가 있는 일에서 온 힘을 다할 기회이다."
- 시어도어 루스벨트 -

"일이란 무엇을 이루거나 수요자로부터 적절한 대가를 받기 위하여
어떤 장소에서 일정 시간 동안 몸을 움직이거나
머리를 쓰는 활동 또는 그 활동의 대상을 말한다."
- LD, Ryu -

1·1
What
일이란 무엇인가?

| 질문으로 감잡기 |

우리는 일과 관련해서 주로 다음과 같은 질문들을 한다.

해야 할 일이 많나요? 적나요?

할 일이 끝났나요? 남아 있나요?

일이 잘되나요? 잘 안되나요?

일하면 얼마 받나요?

하는 일이 재미있나요? 재미없나요?

일을 잘하나요? 못하나요?

위의 질문들에는 이런 의미들이 내포되어 있다.

일이 많고 적다. = 일은 **양**과 **범위**가 있다.

일을 끝내다. = 일은 **정해진 기간**이 있다.

일이 잘되다. = 일은 **계획**대로 되기도 하고 안 될 수도 있다.

일을 하면 돈을 받는다. = 일을 하면 그에 따른 **대가**를 받는다

일이 재미있다. = 사람들은 일을 하며 여러 **감정**들을 느낀다.

일을 잘한다. = 사람들은 일로 **평가**를 받는다.

이제 일이 무엇인지 감이 오는가?

직장에서의 일은,

고객(수요자, 주로 상위리더)에게 대가를 받고

역할과 책임을 완수하여

고객이 원하는 성과를 창출하는 것이다.

일을 통해

재미있다, 지루하다, 만족한다, 벅차다, 어렵다 등 다양한 감정을 느끼고,

일의 결과를 바탕으로

일을 잘한다, 못한다 등을 스스로 평가하고 남에게 평가받는다.

"일은,

세상을 향해

자신의 존재 목적을 알리고

자존감을 유지하는

플랫폼(Platform) 활동이다."

| 일을 했으면 성과를 내야 한다 |

일의 본질은 고객이 원하는 성과를 창출하는 것이다.

성과를 창출하기 위해서는,

일을 하기 전에

기획(Planning)하고 계획(Plan)하며,

일을 할 때

캐스케이딩(Cascading)하고 협업(Collaboration)하며,

일을 하고 나서

성과를 평가(Performance Evaluation)하고

피드백(Feedback)해야 한다.

기획(Planning)이란

성과목표와 인과적 달성 전략과 예상 소요자원을 결정하는 것이다.

계획(Plan)이란

기획한 것을 실행하기 위해

일정별로 해야 할 일의 순서를 정하는 것이다.

캐스케이딩(Cascading)이란

전체목표를 기간별 세부목표로 잘게 나누는 것이다.

협업(Collaboration)이란

자신의 성과를 창출하는 데 부족한 능력과 역량을

상위조직의 리더나 같은 조직 또는 타 조직의 동료에게

역할과 책임 지원을 요청하여 실행하는 것이다.

성과 평가(Performance Evaluation)란

일의 기간별 단위(분기, 월간, 주간, 일일)나 일이 끝난 뒤

고객과 사전에 합의한 목표 기준과 실제 결과물을 비교·평가하고

차이가 나는 원인을 규명하는 것이다.

피드백(Feedback)이란

평가 후 차이가 나는 원인을 해결하기 위한 개선과제를 도출하고

미달성한 목표를 어떻게 메울지 만회대책을 수립하고

커뮤니케이션하는 것이다.

일을 제대로 해야 원하는 성과를 창출할 수 있다.

일을 제대로 해야 올바른 역량을 체질화할 수 있다.

아무리 열심히 일하더라도 원하는 성과가 창출되지 않으면

제대로 일하지 않았을 뿐만 아니라

오히려 한정된 자원을 낭비한 것이다.

모든 일은 목적과 목표가 분명하다.

필요 없는 일은 단 하나도 없다.

해야 할 일은 있는데 목적과 목표가 명확하지 않다면

그 일은 할 필요가 없는 일이다.

| 직장에서 일의 개념 |

직장은

자신이 한 일의 성과와 경제적, 비경제적 대가가 거래되는 시장이다.

시장에서 공급자와 소비자가 상품을 통해 서로 거래하듯이,

직장과 직장인은

일의 성과물과 급여를 포함한 다양한 매개체로 끊임없이 거래한다.

직장에 근무하는 직장인은

자신이 속한 직장이 원하는 인재상 구현과 핵심가치 실현,

직책별·기능별·기간별 역할 수행과 기대하는 성과창출,

직무수행 능력과 요구역량 발휘 등의

'공헌조건'을 거래조건으로 제공한다.

그 대가로 직장은

공정한 평가와 보상, 안락한 근무환경,

신바람 나게 일할 수 있는 문화,

인정하고 존중하는 조직 분위기, 같이 일하고 싶은 리더와 동료,

남들에게 자랑하고 소개하고 싶은 평판,

직장의 장래 비전과 발전 가능성 등을 제공한다.

이것이 성과를 낼 수 있는 우수 인재를 유지하고 영입하기 위한

'유인조건'이다.

직장인은

직장이 제공하는 대가가 마음에 들면

계속 일을 하며 성과를 내고,

마음에 들지 않으면 이직을 하거나 원하는 조건을 제안한다.

직장 역시

직장인이 창출하는 가치가 마음에 들면

연봉 인상, 승진, 직무 확대 등을 제안하고

그렇지 않을 경우

평가와 교육, 직무 전환 등을 통하여

구성원의 가치를 향상시키려고 하거나

연봉 동결, 권고사직 등으로

앞으로 거래가 지속될 수 없음을 알린다.

1·2
Why
왜 일하는가?

| 사람들의 답변 |

사람들에게 일을 하는 이유를 물어보면 어떻게 대답할까?

먹고살기 위해 일을 한다.

자신이 원하는 것을 사기 위해 일을 한다.

누군가에게 도움을 주기 위해 일을 한다.

인정받고 싶어서 일을 한다.

재미있어서 일을 한다.

자신의 성장을 위해 일을 한다.

세상을 바꾸려고 일을 한다.

…

| 일은 같아도 이유는 다르다 |

사람들은 저마다의 일하는 이유와 목적을 가지고 있다.
사람들의 일하는 이유에 대한 답변들은
매슬로의 욕구단계설과 매우 유사하다.

먹고살기 위해 일을 한다. ⇒ 생리적 욕구

자신이 원하는 것을 사기 위해 일을 한다. ⇒ 안전/사회적 욕구

누군가에게 도움을 주기 위해 일을 한다. ⇒ 사회적 욕구

인정받고 싶어서 일을 한다. ⇒ 존경의 욕구

재미있어서 일을 한다. ⇒ 자아실현의 욕구

자신의 성장을 위해 일을 한다. ⇒ 자아실현의 욕구

세상을 바꾸려고 일을 한다. ⇒ 자기초월의 욕구

· 매슬로의 욕구단계설 ·

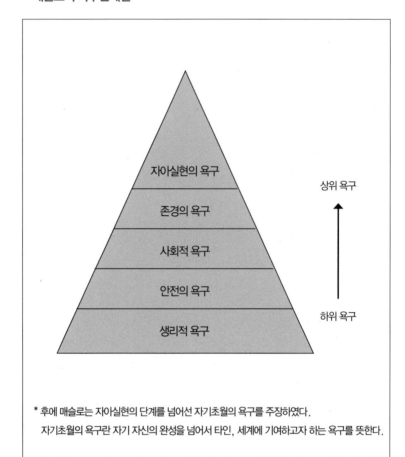

* 후에 매슬로는 자아실현의 단계를 넘어선 자기초월의 욕구를 주장하였다.
  자기초월의 욕구란 자기 자신의 완성을 넘어서 타인, 세계에 기여하고자 하는 욕구를 뜻한다.

매슬로의 욕구단계설을 이분법으로 나누면

하위 욕구와 상위 욕구로 나눌 수 있듯이,

일하는 이유도 이분법으로 구분하면

생계형과 자아실현형으로 나눌 수 있다.

| 생계형 vs. 자아실현형 |

나는 생계형인가? 자아실현형인가?

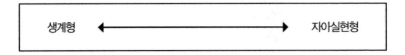

조직에서는 어떤 사람을 원할까?

물어보나마나 생계형보다 자아실현형일 것이다.

그 이유는 생계형 직장인보다 자아실현형 직장인이

일을 잘할 확률이 더 높기 때문이다.

직장은 직장인들이 일하는 이유를

단 한 칸만이라도 생계형에서 자아실현형으로 옮기게 하기 위해서

여러 가지 수단과 방법을 총동원한다.

"나는 일이 재미있다."

"나는 내가 하는 일에 만족한다."

"나는 일을 통해 내가 성장하는 것을 느낀다."

"내가 하는 일은 사회적으로도 가치가 있다."

어떻게 하면 자신이 하는 일의 이유를

위의 대답처럼 자아실현형으로 만들 수 있을까?

설령 생계형이라도

'자아실현형을 지향하는 생계형'이 되기 위한 방법은 없을까?

대답의 핵심은,

자신의 철학과 가치관에 맞는 일을 찾아 실행하고

성과를 내는 것이다.

고객이 자신이 한 일을 통해 창출한 결과물에 만족하고

그에 대한 대가를 지불할 만하다고 느껴야 한다.

그러면 일이 재미있어지고,

일을 통해 자신이 성장한다고 느끼게 된다.

또한 일 잘한다는 주위의 평가와 외적 보상뿐만 아니라

일에 대한 만족감과 자신감과 같은 내적 보상도 따라오는

선순환의 고리를 타게 된다.

1·3

How
어떻게 일해야 하는가?

| 일을 잘하기 위한 자격요건 |

일을 잘하고 제대로 하기 위해서는
올바른 직업가치관과 능력과 역량을 갖추어야 한다.

가치관은 자신을 포함한 세계나 그 속의 어떤 대상에 대하여 가지는
평가의 근본적 태도나 관점이다.
우리가 일상을 살아가며 가치판단이나 선택을 해야 할 때
일관되게 작용하는 가치 기준과 그것을 정당화하는 근거,
혹은 신념의 체계적 형태를 말한다.

직업가치관(Occupational Values)이란

가치관을 이루는 하나의 요소로,

직장과 일과 사람에 대한 개념을 인식하고

일하는 사람의 기본자세를 가지고

고객지향적인 마인드를 갖춘 상태를 말한다.

능력(Capability)이란

일을 하는 데 필요한

직무지식, 스킬, 태도, 경험, 자격증 등의 합을 말한다.

능력이 있다는 것은 일을 잘 안다는 뜻이다.

일을 잘 알기 때문에 능력을 믿고 일을 맡겨도 된다는 의미이다.

능력은 임파워먼트(empowerment)의 기준이다.

임파워먼트란 역할위임을 말한다.

능력이 있어야

역할에 대한 권한위임을 할 수 있고 받을 수 있다는 말이다.

능력이 부족하면

리더로부터 하나하나 지시와 간섭을 받을 수밖에 없다.

역량(Competency)이란

성과를 창출할 수 있는 실행력을 말한다.

즉, 플랜(Plan), 두(Do), 씨 앤 피드백(See & Feedback) 프로세스를

자기주도적으로 실행하여 성과를 창출할 수 있다는 의미이다.

역량이 있다는 것은 일을 잘한다는 뜻이다.

일을 잘하기 때문에 역량을 믿고 실행을 맡겨도 된다는 의미이다.

역량은 델리게이션(Delegation)의 기준이다.

델리게이션이란 책임위임을 말한다.

역량이 있어야

책임에 대한 권한위임을 할 수 있고 받을 수 있다는 말이다.

사전에 수요자가 원하는 결과물의 기준을 상호 합의하고

인과적인 달성 전략을 코칭받은 후

실행 행위를 델리게이션하는 것이다.

역량이 부족하면

실행 행위에 대한 의사결정을 일일이 지시받을 수밖에 없다.

| 일의 전, 중, 후를 관리하라 |

일을 잘하려면
일이 시작될 때부터 일을 하는 중간, 그리고 일이 끝난 후
각각의 과정별 프로세스를 꼼꼼히 진행해야 한다.

일의 시작은
플랜, 두, 씨 앤 피드백 중 플랜이다.

수요자가 원하는 결과물을 생각하고 일을 시작하는 사람과
해야 할 일과 일정 정도만 생각하고 일을 시작하는 사람은
일을 대하는 자세와 생각, 철학과
일을 실행하는 방법 자체가 다르다.

기획은

일을 시작하기 전에 과제를 명확하게 정의하고,

과제에 대한 현재 상황을 분석하고,

과제 수행을 통해 이루고자 하는 기대하는 결과물을 구체화하고,

목표 수준과 현재 수준의 차이를 메우기 위한

인과적 달성 전략을 수립하고,

전략을 실행하는 데 예상되는 리스크요인을 도출하여

대응방안을 수립하고,

전략 실행과 리스크 대응에 소요되는 자원을 산출하는 것,

이 모든 것이 '기획'이다.

일을 제대로 하기 위해서는

일을 하기 전에 '일을 통해 기대하는 바'

즉, 일을 끝냈을 때 기대하는 결과물인 목표를

미리 구체적으로 설정할 줄 알아야 한다.

기대하는 결과물이 구체적으로 정해져야

목표 달성을 위한 인과적인 달성 전략과 실행 방법을 수립하고

실행 행동으로 옮길 수 있다.

투입할 수 있는 인력·예산·일정을 정하고

수요자가 기대하는 결과물을 기간별로 정리하여

사전에 리포트하고 코칭을 받고 시작하는 것이 필요하다.

코칭(Coaching)은

기준에 대한 실행하는 사람의 생각을 구체화하여

먼저 리더에게 제안하고

기준과 대비하여 검증을 받는 작업을 통하여

실행하는 사람이 스스로 해법을 깨닫는 과정을 말한다.

일을 하는 중에는

캐스케이딩과 협업을 잘해야 한다.

실행기간이 긴 과제와 목표를

월간, 주간, 일일 단위로 잘게 나누고,

자신이 가지고 있는 능력과 역량이 부족할 경우

상위리더와 수직적 협업을 하고

동료나 타 부서 구성원들과

수평적인 협업을 유기적으로 실행하는 것이 필요하다.

일의 종료는

플랜, 두, 씨 앤 피드백 중

씨 앤 피드백 단계에 해당한다.

정해진 기간 내에 일을 끝낸 행위가 아닌

일을 의뢰한 고객(수요자)이나 업무를 지시한 상위리더가

결과물에 대해 만족하고 가치를 느껴야 제대로 완수한 것이다.

일이 끝났다는 것은

실행 행위의 완료가 아니라 성과 평가와 피드백의 완료이다.

실행이 끝나고 난 다음에

기획한 목표 대비 성과와

기획한 전략 대비 실제 실행한 전략을 평가해 보고,

차이가 나는 부분에 대해 원인을 분석하고,

개선과제와 만회대책까지 수립해야

비로소 제대로 일이 끝난 것이다.

| 일을 잘하려면 |

매일매일 해야 할 일을 정확히 알고 있는가?

오늘 해야 할 일은 오늘의 우선순위 과제이다.

오늘의 과제는

이번 주, 이번 달에 원하는 성과를 위한 선행 과제이다.

물론 오늘의 독립적 성과를 위한 독립적 과제일 수도 있다.

과제(Task)는 역할(Role)이다.

과제는 대상(Target)과 지향가치가 명확해야 한다.

과제는 수행기간에 완료할 수 있을 만큼 적합해야 한다.

과제는 권한위임이 전제된다.

과제는 주체적, 자발적으로 수행해야 한다.

과제는 수단이 아니다. 과제는 목표도 아니다.

오늘 자신이 하고자 하는 일은 무엇인가?

하고자 하는 일에 대한 상황 파악이 되는가?

그 일을 통해 자신이 기대하는 결과물을 이룰 수 있는가?

이에 대한 질문에 스스로 거침없이 답할 수 있어야

일을 잘할 수 있다.

Chapter 2

성과

"위대한 성과는 갑작스런 충동에 의해 이루어지는 것이 아니라,
느리지만 연속된 여러 번의 작은 일들로써 비로소 이루어지는 것이다!"

- 빈센트 반 고흐 -

"성과란 사전적 의미로는 '이루어 낸 결실'을 말한다.
실무적인 의미는 '수요자(고객)가 기대하는 결과물인
목표를 달성한 상태'를 말한다."

- LD, Ryu -

2·1
What
성과란 무엇인가?

| 질문으로 감잡기 |

우리는 성과와 관련해서 주로 다음과 같은 질문들을 많이 한다.

성과가 있는가? 없는가?

성과가 많은가? 적은가?

성과가 큰가? 작은가?

성과가 좋은가? 나쁜가?

성과에 만족하는가? 만족하지 않는가?

성과가 측정 가능한가?

성과를 리뷰하는가?

성과를 보고하는가?

위의 질문들에는 이런 의미들이 내포되어 있다.

성과가 있다. = 성과는 **존재**한다.

성과가 많고 적다. 성과가 크고 작다.

= 성과는 **양적인 개념**이 들어간다.

성과가 좋다. 성과에 만족한다. = 성과는 **질적인 수준**이 있다.

성과를 측정한다. 성과를 리뷰한다. 성과를 보고한다.

= 성과는 **관리**된다.

이제 성과가 무엇인지 감이 오는가?

성과는,

정해진 기간 동안 일을 해서

책임져야 할 목표를 달성한 결과물이다.

조직의 구성원이

자신에게 주어진 일이나 과제를 요구받은 기간 동안 수행해서

요구한 사람의 기준대로 완성해야 할 결과물을 달성한 상태이다.

성과란

목표와 전략의 인과에 따라 목적한 결과물이

정해진 기간 내에 달성된 상태를 일컫는 말이다.

성과는 직책별·기능별·기간별 성과로 나누어 정의할 수 있다.

성과는 과제 단위, 일일 단위, 주간 단위, 월간 단위,

분기 단위, 연간 단위 등,

단위 업무의 내용 범위와 수준과 기간별로

해야 할 일이나 과제에 따라서도 달라질 수 있다.

또한 같은 조건에서 같은 일을 하더라도

사람의 가치관과 태도, 능력, 역량 등에 따라 성과는 차이가 난다.

그래서 조직은

구성원들이 최대한 주어진 목표와 가까운 성과를 낼 수 있도록

성과를 관리한다.

| 성과관리란 무엇인가 |

성과관리는 말 그대로 성과를 관리하는 것이다.

성과관리의 대상은

'성과목표와 인과적인 달성 전략, 예상 리스크 대응방안'과

'기간별로 캐스케이딩된 과정결과물'이다.

일을 하기 전에

고객, 수요자가 원하는 결과물의 기준에 따라

기대하는 결과물의 기준을 구체적으로 설정하고,

인과적인 달성 전략과 예상 리스크 대응방안을 세워서

성과를 창출하는 경영활동을 말한다.

일을 하고 난 후에,

성과목표를 달성한 결과물인 성과를 평가하고

성과목표와 성과의 인과관계를 분석하여

개선과제를 도출하고 만회대책을 수립하여

다음의 성과를 반복적으로 지속적으로 창출해 내는 기법이다.

성과관리의 핵심은,

일을 하기 전에

수요자가 기대하는 결과물의 기준을 객관화된 상태로 표현해 놓은

성과목표를 설정하는 것이다.

즉, 성과관리는 '사전예방 관리기법'이다.

성과관리는

업무관리, 결과관리, 방침관리, 수치목표관리 등으로 불리는

실적관리와는 다르다.

일의 결과물에 대한 기획적이고 계획적인 활동이며,

실행자의 실행 과정에 대한 주체적 자율성이 보장되어

자기완결적인 권한위임 활동이 이루어질 때

비로소 붙일 수 있는 이름이다.

성과관리는

자율책임경영 문화,

기준과 시스템 중심의 합리적이고 열린 조직문화,

열정적이고 즐겁게 일하는 문화를 만드는 데

가장 핵심적인 실천 수단이다.

즉, 성과관리는 올바르게 일하는 조직의 기본기이다.

| 직장에서 성과의 개념 |

성과는 실적과 다르다.

성과는 고객과 함께 등장한 개념이다.

즉, 고객 관점의 기준이다.

성과는

고객, 수요자가 기대하는 결과물인 목표를 달성한 상태이다.

직장 내부에서의 고객, 수요자란

실행 조직이나 실무자의 일의 결과물에 대한

가치판단을 하는 사람이니까

주로 팀장이나 본부장과 같은 상위리더를 지칭한다.

실적은

실행하는 사람의 관점에서

일을 얼마나 열심히 했는지 노력한 행위결과물을 말한다.

계획 대비 달성률과 해당 기간에 노력한 과제로,

주로 방문 건수, 발표 횟수, 진도율, 점검 횟수,

작성 건수, 면담 건수와 같이

실행 행위를 얼마만큼 열심히 했는가를 나타내는 지표이다.

즉, 실행자의 관점, 내부 관점의 기준이다.

어떤 일을 열심히 일한 결과가 실적이라면,
제대로 일한 결과가 성과이다.

실적은 업무를 수행한 결과이고,
성과는 목표를 달성한 결과이다.

실적은 노력한 결과물이고,
성과는 의도한 결과물이다.

실적관리는 사후 결과관리이고,
성과관리는 사전 전략관리이다.

지표와 숫자는 실적관리의 대상이고,
목표와 전략은 성과관리의 대상이다.

성과와 비슷한 말로 결과가 있다.

결과는

의도했든 의도하지 않았든 일이 마무리된 상태를 말한다.

그러나 성과는

의도한 결과, 목적한 결과, 기획된 결과를 말한다.

조직에서 성과라는 개념이 등장한 첫 번째이자 가장 중요한 이유는,

바로 고객 때문이다.

시장의 헤게모니가 기업에서 고객으로 이전되었기 때문이다.

그래서 일하는 방식이

공급자인 기업 기준이 아니라 수요자인 고객 기준으로

180도 바뀌어야 하기 때문에

실적 중심에서 성과 중심으로 경영관리 기준이 바뀌었다.

성과라는 개념이 등장한 두 번째 이유는,

기업의 경영목적이 이익을 창출하는 것이기 때문이다.

달성해야 할 매출이나 이익목표는 항상 도전적이고,

달성기간은 정해져 있고, 자원은 한정되어 있기 때문에,

한정된 자원을 성과창출에 결정적·인과적인 영향을 미치는

선행과제에 전략적으로 배분해야 하므로

기대하는 결과물의 기준인 '성과 기준'이 필요한 것이다.

이루고자 하는 결과물과 대비하여

이를 실행하는 데 필요한 기간과 자원이 무한하다면,

성과를 내는 것이 상대적으로 쉬울 것이다.

그러나 조직에서는 원하는 결과물인 목표를 달성하기 위해,

자원과 기간이 정해져 있거나 부족한 경우가 대부분이다.

그럼에도 불구하고 정해진 기간 내에

기대하는 성과를 달성하려면 어떻게 해야 할까?

당연히 한정된 자원과 시간을 성과가 날 만한 곳에

전략적으로 배분해야 한다.

성과 개념이 조직에 등장한 세 번째 이유는,

권한위임, 자율성 때문이다.

자원과 시간이 한정적이란 이유와 마찬가지로,

리더가 모든 일을 물리적으로 혼자서 할 수 없기 때문에

리더는 기대하는 성과를 창출하기 위해,

조직의 구성원에게 자신의 역할을

임파워먼트라는 형태로 권한위임을 해 주고,

역할 수행을 통해 책임져야 할 기준에 대해서는

목표라는 이름으로 사전에 합의하고

실행자의 달성 전략과 방법을 코칭하고,

실행 행위에 대해서는 델리게이션이라는 형태로 권한위임을 한다.

성과 책임을 묻기 위해서는 사전에 성과 기준에 대해 합의하고

실행 행위에 대해서는 자율성을 부여해야

권한위임이 가능하다.

Why
왜 성과관리를 해야 하는가?

| 사람들의 답변 |

지금까지 성과와 성과관리가 무엇인지를 알아보았다.

그럼 성과관리를 왜 해야 하는지에 대해 답할 수 있는가?

성과관리는 왜 해야 할까?

• 고객가치 실현 •

아무리 열심히 일을 했다 하더라도

일을 통해 나온 결과물(성과)이 수요자인 고객을 만족시킬 수 없다면

그 결과물이 의미가 있을까?

아마 그 결과물이 상품이라면, 창고에 재고로 쌓여 있으며

창고 사용료만 잡아먹다가 결국은 잡손실 처리될 것이다.

기획안과 같은 보고서라면 쓰레기통으로 직진하거나

알라딘의 램프 속 지니처럼 컴퓨터 폴더 어딘가에서

다시는 나오지 못하게 될지도 모르겠다.

일을 하기 전 책임져야 할 결과물인 성과목표를 설정하는 것이

성과관리의 핵심이며,

성과목표를 설정할 때는

수요자(일을 부탁한 사람, 리더, 고객)의 기준에서 만족할 수 있도록

명확하게 설정해야 한다.

그렇지 않으면 고객이 아니라 자기 기준으로 일하게 되며,

이는 고객만족으로 이어지기 힘들다.

• 한정된 자원을 성과 나는 일에 우선, 전략적으로 배분 •

조직의 구성원으로 일해 본 사람이라면 공감할 것이다.

조직에서 자신이 달성해야 할 성과목표를 위해

무제한의 인력과 예산 그리고 기한을 주는 조직을

만나기가 쉽지 않다는 것을.

그러므로 자신에게 주어진 인력과 예산을 활용하여

원하는 시간 내에 고객이 만족하는 수준으로 일을 끝내야 한다.

그러다 보니 조직의 구성원들은 종종 시간이 모자라고,

자신의 능력과 역량이 부족함을 느낀다.

그래서 조직이든 개인이든 일을 할 때는

성과창출에 도움이 되는 일을 먼저 해야 한다.

성과창출에 도움이 되는

일의 우선순위는 어떻게 선정할 수 있을까?

흔히들 그에 대한 판단과 결정권이

리더 또는 실무자에게 있다고 생각하기 쉽다.

그러나 그 열쇠는 리더도 실무자도 아닌

'성과목표조감도'가 쥐고 있다.

'성과목표조감도'란

자신이 이루고자 하는 결과물의 모습을

마치 건물의 조감도처럼 그려 보는 것을 말한다.

그것을 잘 그리기 위해서는 달성해야 할 목표가

구체적이고 명확하게 사전에 결정되어 있어야 하며,

성과목표가

실행되고 있는 현장의 데이터를 정확하게 파악하고 있어야 한다.

성과목표조감도를

단순히 해야 할 일들의 모음(To do list)으로 생각하는 경우가 있다.

성과목표조감도는

'To be image'이며 자신이 그리고자 하는 그림이고,

그것을 달성하기 위해서 해야 할 일이 'To do list'이다.

• 예상치 못한 리스크 최소화 •

리스크관리가 중요하다는 것은 모두가 알고 있다.

여기서 말하는 리스크는 일반적인 리스크요인이 아닌

자신이 하는 일에 직접적인 영향을 미치는 리스크요인을 말한다.

성과목표조감도의 세부구성요소와 달성 전략을 수립하면,

어떤 예상 리스크요인이

성과창출에 부정적인 영향을 미칠 것인지 파악하기가 쉽다.

그러면 대응방안을 수립하고 플랜B를 생각할 수도 있다.

성과목표조감도와 달성 전략이 구체적이지 않으면

어떤 요인이 성과창출에 영향을 미칠 것인지 알 수 없다.

그래서 성과관리를 다른 말로 '리스크관리'라고도 한다.

• 제대로 된 자기완결적 권한위임 실행 •

해야 할 일은

현장 상황을 가장 잘 파악하고 있는 실무자가 가장 잘 안다.

그래서 성과창출을 위해서는

실무자가 일에 대한 주도권을 가지고

자기완결적으로 일을 추진하는 것이 가장 바람직하다.

실무자가 일에 대한 자기주도성을 확보하기 위해서는,

리더 또는 일을 요청한 사람으로부터 권한위임을 받는 것,

자율성을 부여받는 것이 중요하다.

권한위임의 핵심이 바로

성과목표조감도와 인과적인 달성 전략에 대한 상하 공감 여부이다.

따라서 성과관리는

성과책임 중심의 자율책임 경영이자 권한위임 경영이다.

2·3
How
어떻게 성과를 내는가?

| 성과 중심으로 일하는 조직 |

성과 중심으로 일하는 조직의 기준은,
일의 결과에 대한 가치판단 기준을
실적이 아니라 성과로 하는 조직이다.

성과 중심으로 일하는 조직에서는
일의 중심축이 성과 평가와 피드백보다는
성과목표와 달성 전략을 수립하고
리스크요인에 대한 대응방안 수립,
성과코칭, 피드포워드로 옮겨진다.

성과 중심으로 일하는 조직에서는

일상적인 업무를 실행하며 나누는 대화도

해야 할 일보다는 그 일을 통해 기대하는 결과물인 목표가 무엇인지

그리고 목표를 달성하기 위한 전략이 무엇인지에 대한

공감대를 형성하고 시작한다.

성과 중심으로 일하는 조직에서는

일을 하기 전에

과연 기대하는 결과물이 무엇이며,

기대하는 결과물을 얻기 위해

고려해야 할 쟁점 사항이나 이슈 사항이 무엇인지를 파악하고,

그것에 어떻게 대응하고 해결할 것인지를 늘 먼저 고민하고

해결방안을 가지고 일을 시작한다.

| 성과 중심으로 생각하고 행동하고 일하는 방식 |

성과 중심으로 일하는 방식의 핵심은

상태적 목표와 자기주도적 실행이다.

무슨 일을 하든지 상태적 목표를 제대로 설정하려면,

과제에 대한 경험과 직관적인 생각에 의존하지 말고,

과제의 현장과 현장 데이터 중심으로 생각해야 한다.

상태적 목표가 명확해야

인과적인 달성 전략과 실행 방법을 선택할 수 있다.

또한 자기주도적으로 실행하려면

역할과 책임에 대한 기준을 자발적, 주기적으로 설정하고

달성 전략과 실행 방법을 자율적으로 수립하고 실행해야 한다.

자신이 하는 일을 다른 사람에게 휘둘리며

타인 주도적으로 하길 원하는 사람은 거의 없을 것이다.

자신의 일을 자율적으로 주도하며

원하는 목표를 자기완결적으로 추구하며 살고 싶은가?

그렇다면 그날그날 닥친 일에 충실하며

최선을 다해 사는 것만으로는 부족하다.

먼저 자신이 이 세상에서 기여하고자 하는 미션과

미래에 되고자 하는 모습인 비전을 설정하는 것이 필요하다.

매년 선행 과정목표를 구체화하여 세우고

달성 전략을 수립하고 실천하며

인과적, 전략적으로 접근하는 것이 필요하다.

특히, 직장의 구성원으로 일을 할 때는

단순히 자기 기준으로 일 자체를 열심히 하는 것이 아니라

고객 기준인 목표달성을 위해 제대로 일하는 것이 중요하다.

이를 위해서는 스스로 일을 하면서 성과 중심으로 사고하고,

무슨 일을 하든지 항상 고객이 원하는 결과물인

성과목표를 먼저 설정하고,

그저 열심히 일하기보다 전략적으로 일하고,

일한 다음에는 스스로 평가하고 피드백하여

이전보다 한 단계 발전하고 성장하는 업무 방식을

실천해 나가야 한다.

PART 2

실전 편

일을 하기 전, 중, 후에
걸맞은 원칙을 실행하는 것

Chapter 3
목표

"자신의 업무에 대한 명확한 목표를 갖고 있지 않은 사람이
성과를 낼 확률은 0.000001%보다도 낮다."
- 마크 트웨인 -

"목표를 정하는 것은 보이지 않는 무언가를 보이게 하는 첫 번째 단계이다."
- 토니 로빈슨, 《네 안에 잠든 거인을 깨워라》 -

"목표란 정해진 기간 내에 과제 수행을 통하여 수요자가 기대하는
결과물의 기준을 객관화된 조감도의 형태로 표현한 상태이다."
- LD, Ryu -

3·1
What
목표란 무엇인가?

| 질문으로 감잡기 |

우리는 목표와 관련해서
주로 다음과 같은 질문들을 듣거나 해 봤을 것이다.

목표가 있는가? 없는가?

목표를 세웠나? 목표를 잡았나?

목표를 쪼갰나?

목표가 높은가? 낮은가?

목표가 구체적인가? 추상적인가?

목표를 달성했는가?

목표를 공유하는가?

위의 질문들에는 이런 의미들이 내포되어 있다.

목표가 있다. 목표를 세우다. 목표를 잡다.

= 목표는 **존재**하며 **방향**이 있다.

목표를 쪼개다.= 하나의 목표는 여러 개의 목표로 **세분화**될 수 있다.

목표가 높다. 목표가 낮다. = 목표는 **기준**과 **수준**이 있다.

목표가 구체적이다. 추상적이다.

= 목표는 생생하게 그리고 **수치화**될 수 있다.

목표를 달성하다. 목표를 공유하다. = 목표는 **관리**된다.

이제 목표가 무엇인지 감이 오는가?

목표는

일을 통하여 수요자가 기대하는 기준대로 완료된 결과물을

눈에 보이게 가시화하여

객관적으로 표현한 구체적인 상태를 말한다.

건축에 비유하면 집을 짓기 전에 완성된 모습의 조감도와 같다.

이제 당신에게 누군가가 '그래서 목표가 뭐야?'라고 물어 본다면

명확하게 답할 수 있는가?

아직 명확하게 답할 수 없다면,

예를 통해 조금 더 목표의 정의에 대해 깊이 파고들어 가 보자.

리더에게 "원을 그려라."는 일을 받았다.

이 업무를 받고 어떤 생각이 드는가?

그냥 "네 알겠습니다."라고 말하고

자리로 돌아가서 원을 그릴 수 있다면,

당신은 리더의 머릿속까지 해킹할 수 있는 능력자이거나

아니면 아무 생각이 없는 것이다.

적어도 원을 어떤 곳에, 얼마의 크기로, 몇 개를, 언제까지

그려야 하는지라도 알아 와야 당신은 일을 할 수 있을 것이다.

여기에 덧붙여 원을 누구를 위해 왜 그리는지를 알게 된다면,

그때부터 당신은 오히려 리더에게 더 좋은 제안을 제시하며

주도성과 창의성을 발휘하게 될 것이다.

즉, '원을 그려라.'는 일이

'협력과 조화라는 조직문화를 조직 구성원들에게 전파하기 위해

구성원들이 그린 다양한 원을 사무실 곳곳에

1월 말까지 게시하는 것'이라면,

그때부터 당신은 해야 할 일에 대한 결과물이 생생하게 그려지며

목표를 세울 수 있을 것이다.

| 직장에서 목표의 3가지 특징 |

목표는 개인적 목표도 있겠지만,

조직에 속해 있는 구성원이라면

조직에 맞는 목표를 설정하고 이를 달성하기 위해 일을 한다.

조직의 목표는

수요자 관점, 결과물 기준, 객관적 상태라는 특징이 있다.

수요자 관점이라는 의미는,

목표란 실행하는 사람의 기준이 아니라 일을 시킨 사람,

목표달성에 대해 가치판단을 하는 고객의 기준으로

설계되어야 한다는 의미이다.

즉, 원을 그리는 이유가

리더가 그 일을 통해 조직 구성원들에게 '협력과 조화'라는

조직문화를 심어 주기 위한 것이라면

내 맘대로 원을 그리는 것이 아니라

리더의 기준에 맞춘 목표가 설계되어야 하는 것이다.

결과물 기준이라는 의미는,

목표는 일 자체를 수치화하거나 측정하는 기준이 아닌

하고자 하는 일의 결과물을 측정하는 기준이며,

기대하는 결과물을

구체적으로 표현한 상태가 되어야 한다는 의미다.

많은 사람들이 과제와 목표를 혼동하는데,

과제는 실행하는 사람이 해야 할 역할이고,

목표는 수요자가 원하는 결과물이자

실행하는 사람이 책임져야 할 결과물이다.

목표설정의 대상은, 업무나 과제가 아니라 업무 수행의 결과물이다.

정확하게 말하면, 결과물의 품질 기준이다.

객관적 상태라는 의미는,

일은 추상적이고 개념적이지만

일의 결과물은 모두 구체적이고 실체적이어야 한다는 뜻이다.

즉, 하는 일은 정성적일 수도 정량적일 수도 있지만,

일을 통해 기대하는 결과물인 목표는

측정이 가능하도록 정량적이어야 한다.

그렇다면, 매출액 1,000억 원, 제조원가 10% 절감,

전년 대비 20% 매출 성장, 생산성 15% 향상, 달성률 100%와 같은

목표 수치만 표현되어 있거나

시스템 개선 완료, 수익성 극대화, 생산성 향상 등과 같이

목표의 방향 정도만 표현되어 있는 목표가 상태적 목표일까?

위의 예와 같이

단순하게 일의 방향성이나 수치만 있는 목표를

지향적 목표(goal)라고 한다.

말 그대로 일을 할 때 지향해야 하는 방향이나

도착지점 정도를 표현한 것이다.

이러한 지향적 목표로는

성과를 내기 위한 목표 다음 단계인 전략을 세울 수 없다.

상태적 목표(Objective)는

일을 끝냈을 때 기대하는 결과물의 모습을 명사의 형태로

마치 이루어진 듯이 구체적으로 표현한 목표를 말한다.

예를 들어 '매출액 1,000억 원'은 지향적 목표이지만,

매출액 1,000억 원을 구성하는 세부목표를

기초화장품 매출 500억 원, 색조화장품 매출 300억 원,

건강식품 매출 200억 원으로 세부구성요소의 형태로 나누어

달성하기를 희망하는 상태를 표현해 놓으면,

상태적 목표가 된다.

목표는 최종목표를 달성하기 위한 과정목표를

기간별로 잘게 캐스케이딩하여 나눌 수도 있다.

특히, 신약개발과 같은 연구개발 업무는

최종결과물이 몇 년 후에야 나온다.

이런 경우 최종목표만을 바라보며 업무를 진행한다면

현재 상태와 목표까지의 갭이 너무 커서

쉽게 지치거나 방향을 상실할 수도 있다.

그래서 목표는 최종목표를 두고,

기간별로 인과적인 여러 개의 중간 과정목표로 나누어

통제 가능하게 실행하고 관리하는 것이 중요하다.

이러한 중간 과정목표들이

최종목표에 도달하도록 도와주는 가교 역할을 하는 것이다.

| 목표설정이 중요한 이유 |

목표는,

일을 할 때 흔들림과 헷갈림을 방지하기 위한 등불이고 등대다.

목표는, 능력이 아니라 역량의 영역이다.

목표는, 생산자나 공급자의 영역이 아니라

소비자나 수요자의 영역이다.

목표를 설정할 때는 항상

지향적 목표인지 상태적 목표인지 구분해야 한다.

전략적 실행을 위해서는 상태적 목표를 구체적으로 설정해야 한다.

상태적 목표란, 목표를 달성한 상태가 마치 이루어진 듯이

구체적인 모습을 띠는 것이다.

그래서 목표가 달성된 세부내역의 모습이 명사로 표현된다.

목표는, 목표달성 전략을 의사결정하고,

실행 계획과 전략 실행에 소요되는 자원을

의사결정하기 위한 기준이다.

| 목표를 나누는 여러 가지 기준 |

❶ 전략목표, 본연목표, 협업목표

목표는 부여되는 방향에 따라

전략목표, 본연목표, 협업목표로 구분할 수 있다.

전략목표란

상위조직으로부터 부여받은 성과목표이다.

즉, 상위조직의 성과 책임에 기여해야 하는

가장 우선순위가 높은 목표로,

당해 연도에 반드시 한정된 자원을 선택하고,

집중하여 분배해서 달성해야 하는 중요한 목표이며,

상위조직과 하위조직의 연계성을 강조하는

공간 차원의 의미를 담고 있다.

본연목표는

조직 혹은 개인이

존재하는 목적인 미션에 따라 고유하게 수행해야 하는

업의 본질로부터 도출한 목표를 말한다.

상위조직에서 해당 팀이나 개인에게

성과목표로 부여하지는 않았지만,

상위조직의 리더와 합의해

당해 연도에 가장 중요하게 추진해야 할 과제로

상위조직에 제안하는 것이 본연목표이다.

협업목표는

타 조직이나 타 부서, 그리고 다른 사람들의 성과목표 달성을 위해

우리 부서나 팀, 개인이 반드시 협업해야 할 목표이다.

부서나 팀별로 성과목표 달성 전략을 수립하다 보면

다른 조직의 협업이 반드시 필요한 전략과제가 도출될 수 있다.

이때 도움이 필요한 팀이나 부서는

도움을 줄 수 있는 팀이나 부서에

공식적으로 협업을 요청해야 하는데,

도움을 요청받은 조직은 해당 전략과제를

전략목표와 본연목표 외에

자신들이 달성해야 할 협업목표로 설정하게 된다.

❷ 당기과제목표, 개선과제목표, 선행과제목표

목표는 과제의 성격에 따라

당기과제목표, 개선과제목표, 선행과제목표로 나눌 수 있다.

당기과제목표란

해당 조직이나 담당자가 한정된 자원을

당해 연도에 가장 우선적으로 투입하고 실행하여

결과물을 산출해야 하는

긴급한 과제목표를 말한다.

흔히 말하는 긴급하고 중요한 과제를 말한다.

개선과제목표란

전년도, 지난 기간의 성과 부진의 원인을 분석하여

해결과제를 도출해 과제 해결의 기대하는 결과물을 목표화하여

실행하고자 하는 목표를 말한다.

선행과제목표란

다음 분기나 반기, 내년이나 2~3년 후의

중장기 성과를 창출하기 위해

당 분기나 반기, 올해에

미래의 성과에 인과적인,

그리고 선행적인 영향을 미칠 가능성이 큰 과제를 도출하고,

정해진 기간 내에 달성해야 할 목표를 말한다.

개선과제목표나 선행과제목표는 주로 리더들에게 부여된다.

❸ 실행목표, 성과목표

실행목표란

행위목표, 행동목표, 실적목표라는 말로 표현된다.

하고자 하는 일을 얼마나 할 것인지를 수치화하여 표현한 것이다.

주 2회 방문, 월 1회 독서, 고객미팅 횟수 월 2회 등,

일하는 행위 자체를 수치화해 놓은 것을 말한다.

엄밀한 의미에서 실행목표는 진정한 의미에서의 목표는 아니다.

목표란, 어떤 행위나 업무를 통해 수요자가 기대하는 결과물을

객관적인 상태로 표현한 것이기 때문에

행위 자체를 수치화한 것은 기대하는 결과물이 아니므로

목적이나 의도하는 바를 목표로 설정하지 않은 것이다.

성과목표란

목적목표, 고객만족목표라고도 한다.

무슨 일을 하든지 어떤 행위나 업무를 통해서

목적하는 바, 기대하는 바를 구체적으로 표현한 상태를 말한다.

매출액 100억 원, 기존고객 유지율 98%, 원가절감액 7억 원과 같이

핵심성과지표(KPI)와 수치를 함께 표현할 수 있는 것도 있겠지만,

평가제도 기획, A 기능 개선, 디지털 제품 개발과 같이

기대하는 결과물을

성과지표나 수치로 표현할 수 없는 과제의 결과물이라도

기대하는 결과물이 이루어진 상태를

구체적이고 객관적인 사실로 표현한 것도 있다.

3 · 2
Why
왜 목표를 세우고 일해야 하는가?

| 사람들의 답변 |

지금까지 목표가 무엇인지를 알아보았다.

그럼 왜 목표를 세우고 일해야 하는지에 대한

당신의 답변은 무엇인가?

❶ 목표는 일하는 사람에게 동기를 부여한다

목표는 도전해야 할 기준이다.

하고 싶은 의욕을 불태우는 촉진자 역할을 한다.

❷ 목표는 책임감을 갖고 일하게 한다

목표는 책임져야 할 결과물을

구체적이고 객관적으로 표현해 놓은 상태다.

목표를 모른 채로 일을 한다면

책임져야 할 것이 무엇인지 모르기 때문에

진심으로 책임감을 느낄 수가 없다.

❸ 목표는 목표를 달성하는 기간 동안 실행 과정의 이정표가 되어 준다

목표는 누적성과에 얼마나 근접했는지,

목표달성을 위해서 무엇을 얼마나 더 해야 하는지 알려주는

일종의 대시보드나 현황판 역할을 한다.

❹ 목표는 권한위임을 가능하게 한다

권한이란 실행 방법에 대한 선택권이다.

리더와 실무자 간의 목표가 구체적으로 합의되어 있고

인과적 달성 전략과 실행 방법에 대해 사전에 코칭이 이루어졌다면

리더는 실무자가 목표달성 전략과 실행 방법을

자율적으로 실행하도록 위임할 수 있다.

❺ 목표는 의사결정의 기준이 되어 준다

목표는 목표를 성과로 창출하기 위해

어떻게 인과적인 달성 전략과 액션플랜을 수립해야 하는지,

어떤 자원을 어떤 일에 얼마나 투입해야 하는지 판단자 역할을 한다.

즉, 무엇을 어떻게 해야 하는지에 대한 결정은

리더도 실무자 자신도 아닌 책임져야 할 목표가 한다는 의미이다.

❻ 목표는 미래의 두려움을 없앨 수 있다

두려움은 기대하는 결과물을 얻지 못할 수도 있다는 불안감과

생각한 대로 실행되지 않을 수도 있다는

부정적인 생각이 떠오를 때 생겨난다.

과거의 좋지 못한 기억이 떠오르거나,

다른 조직, 다른 사람들의 실패 사례가

자신에게도 적용될지 모른다는 걱정을 떨쳐 버리는

가장 좋은 방법은

기대하는 것이 무엇인지 구체적으로 객관화하는 것이다.

그다음 기대하는 결과물에 부정적인 영향을 끼칠 수 있는

염려되는 요소들을 생각나는 대로 모두 나열한 후,

하나하나 대응방안을 세우는 것이다.

3·3

How
어떻게 목표를 세워야 하는가?

이제 목표가 무엇인지,

그리고 일을 하기 전에

반드시 목표를 세워야만 하는 이유를 알았다.

그럼 이렇게 중요한 목표를 어떻게 세워야 할까?

목표는 고객이나 수요자의 영역이다.

목표는 지향적 목표가 아닌

전략적 실행이 가능한 상태적 목표여야 한다.

상태적 목표란, 목표를 달성한 상태가

건물 조감도처럼 구체적인 모습을 띠는 것이다.

목표는, 목표달성 전략을 의사결정하고,

전략 실행에 소요되는 자원을 의사결정하기 위한 기준이다.

| 상태적 목표를 제대로 설정하는 법 |

❶ 과제를 명확하게 한다

과제란

실행해야 할 일의 대상이며,

직책별로 기능별로 기간별로 나눌 수 있다.

전략과제, 중점과제, 주요과제, 핵심과제, 우선과제, 일상과제,

본연과제, 협업과제 등 다양한 이름으로 불리기도 하며,

해야 할 일, 역할, 업무, 지시사항으로 대체되어 불리기도 한다.

과제는

'외주 프로세스 개선', '제조원가 절감'과 같이

하고자 하는 일의 대상이 구체적이어야 하고,

일의 방향이 명확하게 드러나야 한다.

❷ 기대하는 결과물이 무엇인지 대략 정의한다

과제가 명확해졌다면

과제 수행을 통해 기대하는 결과물이 무엇인지

대략적으로 먼저 기술한다.

이때는 억지로 수치화하거나 지나치게 구체화하지 않아도 괜찮다.

목표를 제대로 수립하려면

하고자 하는 일의 대상이 무엇인지,

그 일의 대상이 어느 방향으로 가야 하는지가 먼저

분명하게 결정되어야 한다.

❸ 과제나 목표의 현재 상황을 분석한다

과제 수행을 통해 기대하는 결과물이 무엇인지를 고려해

과제의 현재 상태가 어떠한지

객관적인 사실을 바탕으로 구체화한다.

육하원칙(5W1H)에 따라

과제의 개요와 내용, 이유, 관련된 이해관계자들의 요구사항,

예상되는 어려움, 수행기간 등 관련된 객관적 사실을 구체화하고,

현재 수준과 상태가 어떤지 기술하는 것이 매우 중요하다.

현재 상황이 객관적으로 '현재상태조감도' 형태로 정의되어야

기대하는 결과물을 '미래상태조감도'로

어떻게 만들어 갈지 가늠할 수 있다.

❹ 기대하는 결과물의 구체적인 모습을 나열한다

과제의 현재 상태가 '현재상태조감도'로 구체화되면,

기대하는 결과물 역시 '미래상태조감도'로

구체적으로 기술할 수 있다.

일을 제대로 하여 원하는 성과를 창출하기 위해서는

목표조감도라는 개념을 제대로 이해하는 것이 매우 중요하다.

목표조감도는 일을 하기 전에,

일이 완료되었을 때 기대하는 결과물의 모습을

마치 이루어진 듯이 객관적인 형태로 표현한 것이다.

일을 끝냈을 때 기대하는 결과물의 모습을

마치 건물이나 제품의 조감도처럼 구체적인 형태로 묘사한 것이다.

이를 상태적 목표라고 하며

목표가 달성된 결과물의 상태를 표현한 것이기 때문에

세부내역이나 세부구성요소가 명사의 형태로 표현되어야 한다.

대개 목표조감도를 작성해 보라고 하면

실행 로드맵과 혼동하는 경우를 볼 수 있다.

목표조감도는 기대하는 결과물이 이루어진 모습이고,

실행 로드맵은 목표조감도를 실행으로 옮기기 위해

해야 할 일의 순서를 정해 놓은 실행 계획서이다.

❻ 객관화, 구체화, 수치화로 표현한다

앞에서 목표는 과제와 다르다고 했다.

과제는 정성적일 수도 정량적일 수도 있다.

우리가 관리하고자 하는 것이 과제가 아니라

일정 시간 동안 업무 수행을 통해 기대하는 결과물이다.

그러므로 이는

100% 정량적이고 객관적인 형태로 표현되어야 한다.

그럼에도 불구하고

우리가 하는 일의 결과물을 정량화하는 것을 어려워하는 이유는

역량이 미흡한 것이다.

반복적인 훈련을 통해 목표를 100% 객관화할 수 있는

역량을 길러야 한다.

이는 7장. 역량 편에서 설명하겠다.

| 조직 차원의 바람직한 성과목표 설정 방법 |

• 성과목표를 설정하는 대원칙 •

성과목표는

상위조직에서 하위조직이나 개인 단위로

톱다운(Top down) 방식으로 부여된다.

개인 단위에서 설정한 목표를 취합하여

바텀업(Bottom up) 방식으로 팀 차원의 목표로 정하게 되면,

회사에서 중요하게 여기는 차원의 성과를 놓치게 되거나

조직의 성과가 좋지 않음에도 불구하고 일부 개인은 성과가 좋아

평가와 보상을 잘 받는 경우가 생길 수 있다.

그러므로 조직의 성과목표는

위에서 아래로 톱다운으로 부여하되,

성과목표가 달성된 상태, 즉 상태적 목표,

성과목표조감도와 인과적 달성 전략과 실행 방법은

현장에서 상황을 가장 잘 파악하고 있으므로,

바텀업 방식으로

하위조직과 개인이 구체적으로 설정하고 수립하여

상위리더의 코칭 과정을 통하여

합의하는 절차를 거치는 것이 바람직하다.

이때 주의해야 할 것이

일방적으로 터무니없는 목표를 위에서 아래로 찍어 누른다든지,

하위조직이나 실행담당자들이

현장 상황과 외부환경의 핑계를 대면서

하향평준화가 되지 않도록 경계하는 것이 필요하다.

• 도전적인 목표 vs. 현실적인 목표 •

조직에서 일하다 보면

도전적인 목표를 세워야 한다는 이야기를 종종 듣는다.

크고 담대한 목표를 세워야

도전하고 싶은 의욕이 생긴다고 하면서 말이다.

목표가 도전적이지 않으면 달성의 의미가 없다는 말도 듣는다.

10~20년 후의 조직의 비전이나 3~5년 후의 중장기목표는

도전적으로 설정하는 것이 맞다.

그러나 1년 이하의 단기목표는

현실적으로 실현 가능한 수준으로 설정하는 것이 타당하다.

특히 프로젝트 단위·반기·분기·월간·주간 단위의 목표 수준은

아주 구체적이고 현실적이어야 한다.

목표의 실현 가능성은 다음의 4가지가 결정한다.

❶ 성과목표조감도

목표가 달성된 기대 상태를,

세부내역별로, 세부구성요소별로

얼마나 현재 상태의 현장 데이터를 바탕으로

기대 상태의 모습을 구체화, 객관화, 사실화해 놓았느냐가

목표달성 가능성 수준을 결정한다.

❷ 외부환경요소

외부환경요소는 조직별, 개인별로 모두 다르다.

기업의 외부환경은

고객, 이해관계자, 경쟁자, 국가별 시장환경, 환율 등이 있다.

평소에 자신의 목표에 영향을 미칠 수 있는

외부환경요소를 구체적으로 차별화해 놓고

대응방안을 마련하는 것이 중요하다.

❸ 내부역량요소

내부역량요소는

기업 차원과 개인 차원으로 구분할 수 있다.

기업 차원의 경우

설비, 원부자재, 작업자의 숙련도, 관리의 수준,

협력업체, 네트워크 등이 있다.

개인 차원의 경우

가치관, 관점, 지식, 스킬, 경험, 일하는 방식 등이 있다.

특히 자신의 역량 수준에 대해 항목별로 현재 수준을 객관화하고

개발목표를 세워 향상시켜 나가는 것이

목표달성 수준을 높이는 데 결정적인 역할을 한다.

❹ 인과적 성과목표 달성 전략

성과목표 달성 전략이

얼마나 대상별로 핵심 성공요인 중심으로

타깃별로 구체적인 계획을 가지고 있는가,

예상 리스크요인 중심으로 플랜B, 시나리오B, 컨틴전시 플랜,

비상계획을 가지고 있는가가

목표달성 수준을 예상하게 한다.

목표는 달성 가능한 수준으로 현실적으로 설정하되

실행 전략은 도전적으로 수립하는 것이 맞다.

이에 대해서는 4장. 전략 부분에서 구체적으로 살펴보자.

| 목표를 반드시 달성하기 위한 방법 |

최종목표를 달성하기 위해서는

전체 기간의 30% 이내에 목표의 70%를 확정할 수 있도록

과정목표를 정하는 것이 좋다.

그 이유는, 목표는 가 보지 않은 미래의 길이기 때문에

사전에 달성하는 데 리스크가 될 수 있는 요소들을 도출해서

해소방안을 마련해도

단번에 제거되지 않거나 또 다른 리스크가 나타날 가능성이

언제나 존재한다.

목표를 달성하지 못하는 조직이나 구성원은

기간별 과정목표를 월간·주간·일일 단위로

제대로 캐스케이딩하지 않는다.

그러다 보니 상황 파악을 제대로 하지 못하여

초반과 중반에 여유를 부리다가 마지막 30% 기간에 몰리게 된다.

목표를 달성하기 위해서는

목표를 고정요소와 변동요소로 나누는 방법도 있다.

초반 30% 기간에 70~90%의 고정요소 목표를 확정하고,

나머지 기간에 10~30%의 변동요소 목표를 공략하는 데

역량과 자원을 집중하는 것이다.

목표를 반드시 달성하는 사람들은

선택과 집중을 제대로 할 줄 안다.

그들은 통제 불가능한 리스크를

통제 가능한 것으로 전환시킨다.

| 목표달성을 위한 전심의 행위 |

무슨 일을 하든지 전심(全心)을 다한다는 것은
막연하게 '전심전력을 다하여 모든 힘을 다 쏟아붓는다'는
감성적이고 주관적인 언어가 아니다.
'전심을 다한다'는 것은 매우 객관적이고 실천적인 언어이며,
다음과 같은 6가지의 물음에 제대로 답할 수 있어야
전심을 다했다고 자부할 수 있다.

❶ 직책별로, 정해진 기간별로
해야 할 일이 무엇인지 자신의 역할을 잘 알고 있는가?

❷ 해야 할 일을 통해 이루고자 하는 결과물을
즉 원하고 기대하며 책임져야 할 결과물을
마치 눈에 보이듯이
구체적이고, 세부적인 상태적 목표로 설정했는가?

❸ 기대하는 결과물을 정해진 기간 내에 반드시 달성하기 위해
'선택과 집중'을 해야 할 전략을
고정변수와 변동변수별로 정하고
그에 따른 맞춤형 공략 방법을 정했는가?

❹ 기대하는 결과물을 달성하기 위한 전략과 방법을 실행할 때

부정적으로 작용할 수 있는

외부환경 리스크요인과 내부역량 리스크요인을 찾아내서

대응방안을 수립했는가?

❺ 기대하는 결과물을 이루어 내기 위해

기획하고 계획한 내용을

월간·주간·일일 단위로 캐스케이딩하여

변화한 실제 상황에 맞추어 롤링플랜을 수립하고

실제 행동으로 실천하고 있는가?

❻ 기대하는 결과물을 얻기 위해

일일 단위, 주간 단위로 해야 할 일을 끝낼 때마다

기간별 결과물들이 제대로 끝났는지

과제목표와 비교·분석하여 성과 평가하고 피드백하는가?

Chapter 4
전략

"어제는 어젯밤에 끝났다. 오늘은 새로운 시작이다.
잊는 기술을 배우고 앞으로 전진하라."
- 노먼 필 -

"전략이란 목표달성에 인과적 영향을 미치는
고정변수와 변동변수에 대한 변수별 공략 방법이다."
- LD. Ryu -

4·1
What
전략이란 무엇인가?

| 질문으로 감잡기 |

우리는 전략과 관련해서
주로 다음과 같은 질문들을 듣거나 해 봤을 것이다.

전략이 있는가? 전략이 없는가?

전략을 세웠는가?

전략을 짰는가?

전략이 좋은가? 전략이 나쁜가?

전략을 찾았나? 전략을 못 찾았나?

전략을 수정했는가?

전략을 버렸는가?

전략을 공유하는가?

위의 질문들에는 이런 의미들이 내포되어 있다.

전략이 있다. 전략을 세우다. = 전략은 **존재**하며 **방향**이 있다.

전략을 짜다. = 전략은 옷감을 짜듯, 타깃에 맞춰 **실행 방법**이 설계된다.

전략이 좋다. 전략이 나쁘다. = 전략은 질적인 **수준**이 있다.

전략을 찾다. = 전략은 보물찾기 과정처럼 **현장**을 근거로 만들어진다.

전략을 수정하다. 전략을 버리다.

= 전략은 **변경**될 수 있고, 때로는 **폐기**될 수도 있다.

전략을 공유하다. = 전략은 **관리**된다.

이제 전략이 무엇인지 감이 오는가?

전략은

목표를 달성하기 위한 인과적인 타깃공략 방법이다.

대상(Target)의 우선순위를 정하고

타깃공략 방법을 결정하는 것이다.

전략은 실행을 위해 존재한다.

전략은 원래 군사 용어로,

전쟁을 전반적으로 이끌어 가는 방법이나 책략이라는 의미로

군대에서 사용되었다.

이를 '전략경영의 아버지'라 불리는 이고르 앤소프 박사가

1965년 자신의 책 《기업 전략》에서 사용하면서 확대되었다.

대개 전략이라 하면, 중장기전략, 사업전략, 경쟁전략 등과 같이

회사나 사업부에서 사용하는 큰 의미로 생각한다.

그러나 우리가 일상적으로 업무를 수행하면서도 전략은 필요하다.

전략은 생각이나 아이디어 그 자체가 아니다.

아이디어가 실제로 실행될 수 있도록

관련된 프로세스, 자원, 조직 등을 실제로 정비하고 구축하는 것이다.

그러다 보니 전략을 계획과 같은 의미로 사용하기도 하고,

방침이나 방향과 비슷한 의미로 사용하는 경우도 많다.

전략은

'목표를 정해진 기간 내에 성공적으로 달성하기 위해,

일을 통해 기대하는 목표 수준과 현재 수준의 차이를 메우기 위해

차이가 나는 대상을 공략하기 위한 방법'이다.

즉, 전략은 조직이나 사람이 일을 대하는 자세나 의지가 아니라

기대하는 결과물의 수준과 현재 수준과의 차이,

또는 차이가 날 것에 대한 구체적인 대상을 결정하고

그 대상을 정해진 기간 내에 한정된 자원으로

어떻게 공략할 것인지 방법을 결정하는 것을 말한다.

그러므로 전략은 실행 능력 그 자체를 의미한다.

실행할 수 없는 아이디어는 전략이 아니며,

실행 가능성이 없는 좋은 전략은 있을 수 없다.

전략은 실제 실행을 가능하게 하는 모든 것이고,

전략가는 실행을 현실화하기 위한 모든 것을

행동으로 해내는 사람이다.

| '전략적으로 생각하고 일하라'는 의미 |

전략적으로 생각하고 전략적으로 행동하라는 것은,

무슨 일을 하든지 목표달성에 직접적으로 도움이 되는

인과관계에 있는 선행적인 요소들을 생각하고 행동하라는 의미이다.

또 자신이 하는 일을 문제의식을 가지고 바라보라는 것이다.

문제란

기대하는 목표와 현재 수준의 차이를 말한다.

문제의식이란

목표 수준과 현재 수준의 차이를 분석적으로 바라보는 습관이다.

목표가 명확하지 않으면

전략적으로 생각하고 행동하는 것 자체가 불가능하다.

그래서 전략은

목표달성과 밀접한 인과관계가 있다고 하는 것이다.

| 전략은 실행 계획과 다르다 |

전략은

타깃을 선택하고 공략 방법을 결정하는 것이라고 했다.

이렇게 목표를 달성하기 위한 전략을 세우고 난 후에

수립되는 것이 실행 계획이다.

실행 계획(Action plan)은

목표를 세우고 수립한 전략을 실행으로 옮기기 위해

일정별로 실천해야 할 일의 순서를 결정하는 것을 말하며,

업무추진 계획이라고도 부르고

일정별 실행과제, 필요 자원, 실행 절차, 일정 등으로 구분될 수 있다.

전략에는

공급자와 과제 중심의 전략과 수요자와 목표 중심의 전략이 있다.

전자는 실행자의 관점에서 무엇을 어떻게 하면

목표가 달성될 것인지 생각하고

과거의 성공 경험이나 벤치마킹을 바탕으로

실행할 과제를 선정하는 것이다.

보통 전략이라고 부르지만, 이것은 엄밀하게 말하면

사실 전략이라기보다는 실행지침이나 행동방침,

실행 계획이라고 볼 수 있다.

반면에 후자인 수요자와 목표 중심의 전략은

수요자의 관점에서 목표를 달성하기 위해

어떤 대상을 어떻게 공략할 것인지

수요자의 니즈와 원츠를 고려하고

현장의 상황을 반영해 결정하는 것이다.

전략 대상이 목표조감도의 구성요소 중에서 결정되므로

목표가 이루어진 상태를 세부내역의 형태로 구체화하지 못하면

타깃 중심의 전략을 수립하는 것이 불가능하다.

4·2
Why
왜 전략을 세워야 하는가?

| 사람들의 답변 |

지금까지 전략이 무엇인지를 알아보았다.

그럼 왜 전략을 세워야 하는지에 대한 답을 할 수 있는가?

· 고정변수와 변동변수를 파악하기 위해 ·

중요한 프로젝트나 과제는 말할 것도 없고

일상적으로 반복해서 하던 일에서도

실수가 발생하는 가장 큰 이유는

결과물에 결정적인 영향을 미칠 수 있는

고정변수와 변동변수를 제대로 구분해서

통제하지 못했기 때문이다.

이렇게 하면 '다 잘되겠지.', '별일 없을 거야.'라고 생각하고
고정변수만 관리하고 안심하고 있을 때
예기치 못한 변동변수가 발생한다.
많은 사람들은
늘 자신이 일해 온 방식대로, 자신이 성공해 온 방식대로
그리고 정해진 절차와 규정대로 열심히 했는데
왜 그러냐며 억울함을 토로한다.

일하는 절차와 프로세스는
경험, 절차, 규정대로 혹은 시키는 대로 하면 된다.
그러나 일과 관련된 결과물과
외부환경, 고객, 이해관계자의 요구사항,
내부 여건과 실행하는 사람의 능력과 역량은
늘 변하게 마련이다.
그래서 일을 할 때 일 자체에 초점을 맞추지 말고
일을 통해 기대하는 결과물에 초점을 두고,
기대하는 결과물이 이루어졌을 때 구성되어야 할
세부구성요소, 세부내역을 미리 이루어진 것처럼 그려 보고,
고정변수와 변동변수로 나누어 보는 것이
매우 중요한 전략적 행동이다.

고정변수는

과거의 경험대로, 지금까지 해 왔던 방식대로,

매뉴얼이나 지침대로 열심히 실행하면

기대하는 결과물이 달성될 수 있는 대상이고,

변동변수는

통상적인 방법으로 실행해서는 기대하는 결과물을 얻기 어렵고

창의적이고 혁신적인 방법으로 실행해야

기대하는 결과물을 달성할 수 있는 대상이다.

고정변수와 변동변수가 전략 실행 단위가 되는데,

고정변수는 과거 경험도 있고 매뉴얼이나 지침이 있기 때문에

주니어 실무자가 담당해도 성과를 창출하는 것은 그리 어렵지 않다.

문제는 변동변수이다.

변동변수는 공략하기 어렵긴 하지만 통제 불가능한 요소는 아니다.

변동변수와 통제 불가능한 내외부 리스크 요소를 혼동하면 곤란하다.

특히 변동변수는 실무자가 공략하기 어려운 부분이 있기 때문에,

상위리더의 코칭을 통해 수직적인 협업을 하는 것이 바람직하다.

비가 오는 것은 막을 수 없다.

그러나 우산은 준비할 수 있다.

고정변수와 변동변수를 공략하기 위한 전략을 수립하였지만

통제 불가능한 외부환경 리스크요인으로 인하여 실행할 수 없다면

기대하는 성과를 창출할 수 없다.

그래서 고정변수와 변동변수 공략에

통제 불가능한 영향을 미칠 수 있는 외부환경 리스크요인을 파악하고

사전에 대응방안을 수립하고 실행해야 한다.

외부환경 리스크요인은 파악하기도 어렵지만

파악하는 시점도 최소 분기나 반기 이전에 파악해야

리스크를 회피할 수 있다.

산업에 따라서는

연초에 회사 차원에서 외부환경 리스크요인을 파악해야

리스크를 헤징(Hedging)할 수 있는 경우도 있다.

예를 들어 올해 목표가 원가 3억 원 절감이라면,

원가를 구성하는 세부항목들의 과거의 성과를 분석해서

구체적으로 어떤 세부항목들이 어떻게 절감되었는지

하나하나 따져 보아야

올해 절감할 수 있는 항목을 도출할 수 있다.

세부항목 중 환율의 영향으로 인하여 물류비 변동이 심하다면

통제 불가능한 외부환경요소가 될 수 있다.

그렇다면 사전에 대응방안을 수립하고

만약을 위해 물류비를 통제하거나 절감할 수 있는

플랜B를 수립해야 한다.

성과를 창출하기 위한 고정변수와 변동변수를 구분하고

변수별 공략 방법을 세우고 대비하지만

통제 불가능한 외부환경 리스크요인 때문에

실행 자체가 어려운 경우가 많다.

대부분은 통제 불가능한 리스크요인을

외부환경요소인 것으로 치부하는 경향이 있는데,

성과 부진의 원인을 분석해 보면 실제로는

내부역량 리스크요인에 그 원인이 있는 것이 적지 않다.

내부역량 리스크요인은 일하는 프로세스나 상위리더의 역할 역량,

실무자의 전략 실행 역량이 가장 중요한 요소들인데,

아무리 고정변수와 변동변수에 대한 공략 방법을 수립해 놓았어도

막상 실행에 옮길 때 실행하는 사람이나 상위리더의 역량이 부족하면

뻔히 알면서도 실행으로 옮겨지지 못한다.

눈에 보이지 않는 요인 중에서

가장 전략 실행에 결정적인 영향을 미치는 리스크요인이 바로

상위리더의 코칭 역량, 실무자의 전략 실행 역량이다.

이러한 내부역량 리스크요인에 대한 대비를

제대로 해 놓지 않고 상수로 생각한다면,

늘 생각지도 않았던 이 부분, 마음 놓고 있었던 이 지점에서

의외의 돌발변수가 튀어나와

일을 망치는 경우가 많을 수밖에 없다.

성과목표를 상태적 목표로 설정하고

고정변수와 변동변수에 대한 변수별 공략 방법을

타깃 중심으로 제대로 전략으로 수립하지 않으면

통제 불가능한 외부환경 리스크요인과

통제 불가능한 내부역량 리스크요인이

구체적으로 어떤 변수를 공략하는 데 영향을 미치는지

도저히 알 방법이 없다.

그래서 타깃 중심의 전략을 수립하는 것이 매우 중요한 일이다.

4·3

How
어떻게 전략을 세워야 하는가?

이제 전략이 무엇인지, 전략이 왜 필요한지도 알았다.

전략의 본질은 인과성이다.

전략은 선행 원인 행위이고, 성과는 후행 결과값이다.

전략을 제대로 수립하기 위해서는 문제를 먼저 도출해야 한다.

문제는 기대하는 목표 수준과 현재 수준의 차이를 말한다.

문제를 도출하기 위해서는

목표 수준과 현재 수준을 객관적으로 인식해야 한다.

목표를 객관적으로 설정하려면

목표로 하는 과제의 현재 상태가 데이터화되어야 한다.

그럼 이렇게 중요한 전략을 어떻게 세워야 할까?

| 전략을 제대로 수립하는 법 |

❶ **전략의 의사결정자를 명확히 알아야 한다**

흔히 전략은 리더가 결정한다고 생각한다.

목표달성 전략과 방법에 대한 의사결정자는

일의 결과물에 대한 성과목표이다.

리더는 목표달성 전략과 방법에 대한 코칭과

성과목표에 대한 품질 보증을 해 주는 역할이지

전략의 결정자가 되어서는 안 된다.

리더가 실무자의 성과목표에 대한

달성 전략과 방법에 대해 지시하는 순간,

실무자의 고민은 멈춰 버리고 리더가 시킨 범위에서 일하게 된다.

이렇게 되면 일의 결과물에 대해

실무자에게 명확한 책임을 물을 수 없을뿐더러

실무자의 사고 능력이 퇴화되고 실행력도 떨어지게 된다.

목표를 달성하기 위한 달성 전략과 방법을 수립하는 실무자 역시

리더의 지시나 자신의 경험 기준이 아닌

성과목표와 현재 수준의 차이를 찾아내고

그 차이를 메우기 위한 타깃과 공략 방법을

현장의 객관적 사실을 근거로 수립해야 한다.

❷ 고정변수와 변동변수를 구분한다

전략은 성과목표의 구체성

즉, 성과목표가 상태적 목표인가 지향적 목표인가에서

이미 판가름난다.

좁은 의미에서 전략이란

변동변수 공략 방법이라고 해도 과언이 아니다.

자원은 항상 한정적이기 때문에 한정된 자원은 늘

변동변수를 공략하는 데 우선적으로 배분되어야 한다.

고정변수와 변동변수는 항상 타깃이 구체적이어야 한다.

성과목표 달성 전략은 타깃을 겨냥하고 있어야 하는데,

타깃 지향적이라는 것은

기대하는 결과물인 성과목표의 세부구성요소를

고정변수와 변동변수라는 세부목표로 구분하고

변수 목표별로 타깃공략 방법이 맞춤형으로 되어야 한다는 것이다.

타깃별 공략 방법이 구체화되지 않으면

일정별 업무 추진 과제의 순서인 실행 계획을

전략과 혼동하여 사용할 수도 있으니 각별히 주의해야 한다.

❸ 예상 리스크요인과 대응방안, 플랜B를 수립한다

목표달성 전략을 실행하는 데 있어

전반적으로 통제 불가능한 영향을 미칠 수 있는

외부환경요인과 내부역량요인을 '리스크'라고 하는데,

예상 리스크요인을 사전에 도출하고 예방해야

선택하고 집중해야 할 인과적 달성 전략이 실행 가능하고

결과적으로 기대하는 성과를 얻을 수 있다.

또한 고정변수와 변동변수에 대한 타깃별 공략 방법에

통제 불가능한 영향을 미칠 수 있는

외부환경과 내부역량 리스크요인에 대한

대응방안과 플랜B 역시 핵심이다.

기대하는 성과를 창출하기 위한

상태적인 목표와 인과적 달성 전략과 예상 리스크 대응방안,

예상 소요자원(인력, 예산, 시간, 정보 등)을 결정하는 것을

기획이라고 한다.

❹ 액션플랜을 수립한다

기획한 것을 실행으로 옮기기 위해서 계획을 세워야 하는데,

계획은 일정별로 해야 할 일의 순서를 정하는 것이다.

즉, '투 두 리스트(To do list)'라고도 하며,

과제를 실행하기 위해 해야 할

업무처리 절차와 순서, 행정 절차다.

액션플랜을 수립할 때,

월간 단위는 주간 단위로 실행해야 할 주요과제와

기대하는 결과물 정도만 도출하고

주간 단위로 세부적인 실행 계획을 수립한다.

월간이나 분기와 같이 기간이 길면

환경 변화 때문에 세부 추진 계획이 의미 없게 된다.

기획과 계획이 결정되고 나면

소요자원과 일정을 대략적으로 산정한다.

자원과 일정이 충분하지 않다면 추가 요청을 하거나

달성 전략을 창의적, 혁신적으로 다시 수립해

허용예산과 일정 범위에 맞출 수 있도록

실행 역량을 향상시키는 것이 필요하다.

❺ 자신이 할 수 있는 일과 할 수 없는 일을 구분한다

자신이 할 수 있는 일을 고민해야 한다.

고민해 봐야 해결할 수 없는 일을 고민하는 것은

시간만 낭비할 뿐이다.

자신이 할 수 없는 일은 이미 정해진 것이고,

자신이 할 수 있는 일은 자신의 노력으로 변할 수 있는 것이다.

이를 잘 구분하여 자신이 할 수 있는 일과 없는 일,

직접 해야 할 일과 위임하고 협업해야 할 일을 구분하는 것은

매우 중요하다.

자신이 기대하는 결과물에 인과적인 영향을 미칠 수 있는 것에

의미 있는 선행적인 노력을 해야 한다.

뭐든지 한꺼번에 단번에 끝내 버리겠다는 생각보다는

하나하나 잘게 나누어서 조금씩 반복해서 실행하고,

성실하게 축적해 해결하겠다고 생각해야 한다.

"통제할 수 없는 것에 미련 두지 말고
통제할 수 있는 것에 자만하지 말라."

"통제할 수 없는 것은 대응방안을 수립하고
통제할 수 있는 것은 달성 전략을 수립하라."

| 전략 불변의 법칙? NO! 전략은 수정될 수 있다 |

전략은 일을 시작하기 전에 목표설정과 함께 수립된다.

이는 목표, 전략, 자원에 대한 기획을 끝냈고,

방법, 절차, 일정에 대한 계획을 세웠으며,

외부환경과 내부역량 측면의

리스크 대응방안과 플랜B까지 마련했다는 뜻이다.

그러나 아무리 현상 분석과 현장 데이터를 통해

목표와 전략을 완벽하게 세웠다고 하더라도

막상 실행 단계에 들어가면

예상치 못했던 리스크요인을 만날 수 있다.

그럴 때는 기존 전략을 고집할 것이 아니라

중간평가를 통해 다시 기획한 것을 조정해서

새로운 목표와 전략이 담긴 롤링플랜을 세우고

실행하는 과정을 지속적으로 반복하여

반드시 목표로 설정한 것을 성과로 창출해야 한다.

여기서 오해하지 말아야 할 것은 실행 단계에 들어가면

애초에 기획하고 계획한 것이 별 소용이 없으니

사전 작업을 대충 해도 된다는 말이 아니다.

막상 실제 현장에 나가 보면

기획하고 계획한 것과 차이가 있을 수 있으니

한번 기획하고 계획한 것에 만족하거나 고집하지 말고

월간·주간·일일 업무 단위로

지속적으로 확인하고 반영하라는 것이다.

Chapter 5
실행

"실천하지 않고 언제나 생각만 하는 사람은 삶을 비관적으로 만든다.
생각하지 않고 무조건 행동하는 사람은 자기 함정에 빠진다."
- 발타사르 그라시안 -

"맡은 역할에 최선을 다하라.
그렇게 할 때 최선의 이익이 돌아올 것이다."
- 지그 지글러 -

"실행(實行), 실제로 행함
실행력(實行力), 자기의 생각을 실제로 행하는 능력

실행이란 정해진 기간 내에 기대하는 성과를 창출하기 위해
기획하고 계획한 것을 기간별로 역할과 책임 기준으로 캐스케이딩하고
과정성과를 지속적으로 창출하여 최종성과를 창출하는 것이다."
- LD. Ryu -

5·1
What
실행이란 무엇인가?

| 질문으로 감잡기 |

우리는 실행과 관련해서
주로 다음과 같은 질문들을 듣거나 해 봤을 것이다.

실행을 했나? 실행을 안 했나?

실행을 잘했나? 실행을 잘 못했나?

실행력이 부족한가? 실행력이 뛰어난가?

실행력이 약한가? 실행력이 강한가?

위의 질문들에는 이런 의미들이 내포되어 있다.

실행을 하다. = 실행은 **행동**을 하는 것이다.

실행을 잘하다. 실행을 잘 못하다. = 실행은 **수준**이 있다.

실행력이 강하다. 뛰어나다. = **역할과 책임**을 제대로 실행하고 있다.

이제 실행이 무엇인지 감이 오는가?

생각보다 실행이라는 단어에 붙는 동사는 많지 않다.

나이키의 슬로건인 'Just Do It'처럼

결정되었으면 이것저것 따지지 말고 일단 해 보라는 의미다.

실행은 성과를 창출하기 위해 전략과 계획에 따라

기간별 역할과 책임을 캐스케이딩하고

과정성과를 지속적으로 창출하는 것이다.

일하는 과정을

플랜, 두, 씨 앤 피드백 의 3단계로 나누면

실행은 두(Do)에 해당한다.

실행 단계인 두 단계를 구체화해 보면,

다시 플랜(Plan), 두(Do), 체크(Check), 액션(Action)의

4단계로 나눌 수 있다.

이 실행 프로세스를 알파벳 앞 철자만 따서 PDCA라고 한다.

계획을 세울 때 (과정)목표, 전략, 방법, 일정을 구분하여 잘 세우고,

실행한 뒤 계획한 대로 결과가 나왔는지 중간평가를 하여,

재조정하거나 개선할 것이 있다면 다시 계획을 수정하여 실행하고

목표달성에 긍정적인 영향을 미치는 활동들은 계속 강화하는

일련의 활동을 반복하는 것이 PDCA의 기본원리이다.

| 실행력은 기대하는 결과물을 이루어 내는 실천행동 역량 |

실행력이란,

기대하는 결과물을 이루어 내는 '실천행동 역량'을 말한다.

실행력은 전략적 성과창출 역량이다.

흔히 성과도 중요하지만, 과정도 중요하다고 하는데

성과를 내기 위한 과정이 중요하지

무조건 나름대로 열심히 노력하는 맹목적인 과정은

오히려 경계해야 한다.

열심히 노력했는데 원하는 성과를 창출하지 못했다면

실행력이 약한 것이다.

실행력은 기획력과 계획력을 포함한다.

실행력이 뛰어나다는 것은

역할과 책임을 제대로 실행하고 있다는 것이다.

기대하는 결과물이 무엇인지 구체적으로 알고,

고정변수와 변동변수와 예상 리스크요인을 파악하고 있으며,

그에 대한 대응방안과 플랜B도 구체적으로 가지고 있다는 뜻이다.

플랜B란 통제 불가능한 내외부 리스크요인 때문에

수립했던 전략과 실행 방법이 예상대로 실행되지 못했을 때를

준비하여 수립한 대응방안, 대안을 말한다.

| 실행력은 캐스케이딩이다 |

캐스케이딩(Cascading)은 '폭포 같은, 연속적인'이란 뜻이다.
즉, 폭포가 아래로 떨어지듯 매끄럽게 상위목표가 하위목표로,
상위기간의 목표가 하위기간의 목표로 연결되어
목표 간의 상호연계성을 갖도록 하는 것이다.

상위조직과 하위조직의 목표가,
후행목표와 선행목표가,
중장기목표와 연간목표, 반기·분기·월간·주간·일일목표가
서로 유기적으로 연계되도록 하는 것이다.

실행력의 핵심은
일의 목적과 목표, 고정변수와 변동변수, 액션플랜의 인과적인 전개와
실행하는 사람에게 역할과 책임에 대한 실질적인 권한위임이다.
실행력을 높이려면 성과 중심으로 기획하고 계획하고,
전략적으로 사고하고, 자기주도적으로 실행해야 한다.

캐스케이딩과 디바이딩(Dividing)은 구분해야 한다.

캐스케이딩은 세부목표, 세부구성요소를 잘게 나누어

하위조직이나 하위기간의 목표로 설정하는 것을 말한다면,

디바이딩은 전체 목표를 단순히 1/N로 나누어서

하위조직이나 하위기간으로 부여하는 것을 말한다.

디바이딩은 책임 소재가 불분명하고

상하위조직, 상하위기간 간에 역할과 책임의 연계성이 없기 때문에

전략적이고 인과적인 활동이 아니다.

5·2
Why
왜 인과적으로 실행을 해야 하는가?

| 사람들의 답변 |

지금까지 실행이 무엇인지를 알아보았다.

그럼 왜 실행을 제대로 해야 하는지에 대한 답을 할 수 있는가?

아무리 좋은 계획을 세워도 실행하지 않으면 아무 소용이 없다.

누구나 계획은 세울 수 있다.

중장기·연간·반기·분기·월간·주간·일일 단위로 기획하고 계획한다.

그러나 계획대로, 마음먹은 대로 잘 실행이 되지는 않는다.

아무리 전략적인 실행 계획을 세워도 실행 행동으로 이어지지 않으면

괜히 시간만 낭비하는 것이다.

실제로 성과 평가와 전략 평가를 해 보면

기획한 대로 실행된 경우가 드물다.

중간에 환경이 바뀌거나 돌발상황이 생겨

최초 수립한 전략과 실행 계획이

무용지물이 되는 경우가 허다하다.

왜 그런 일이 일어날까?

진지하게 자신의 경험을 바탕으로 현상과 원인과 해법을 찾아보자.

실행을 해야 능력과 역량이 올라간다.

아무리 작은 일이라도 정성을 담아

10년간 꾸준히 하면 그 분야의 전문가가 되고,

20년을 하면 두려울 만큼 거대한 힘이 되고,

30년을 하면 역사가 된다고 한다.

성과코칭 분야에서 나름대로 자리잡은 비결이 뭐냐고

사람들이 가끔 물어 온다.

그러면 나는 이렇게 답해 주고는 한다.

"매일 1시간 이상 글을 쓰고, 매일 1시간 이상 독서하고,

매일 할 일에 대해 프리뷰하고, 한 일에 대해 리뷰하는 일을

20년 동안 하면 됩니다."

이렇게 말하면 다들 실망하는 눈치다.

특별한 비결이나 비법을 기대했겠지만, 그런 것은 결코 없다.

꾸준히 하다 보면 방법도 보이고, 창의적인 아이디어도 생각나고,

경쟁력 있는 전략도 보인다.

단번에 잘할 수 있는 일은 세상에 아무것도 없다.

꾸준하게 쌓아 올린 것은 결코 아무나 흉내 낼 수 없다.

많은 사람들이

이해하고 지식을 습득하는 데서 대부분 멈춘다.

실행하고 체질화해야 비로소 내 것이 되고,

10년 이상 실천해야 이치가 보이고,

20년은 꾸준히 해야 전체가 보인다.

그리고 난 후 도전해야 할 다음 단계가 보인다.

"성취란 성실과 인내와의 끊임없는 싸움이다."

"원하는 것이 있다면, 기대하는 것이 있다면,

그것이 무엇인지 구체적으로 그려 보라.

그리고 그것을 이루기 위해 잘게 나누어

연간 · 분기 · 월간 · 주간 · 일일 단위로 인과적 목표로 세워라.

매일, 매주, 매월 그 목표를 달성하여 성과로 축적해 나가다 보면

어느새 원하고 기대하는 성과가 창출될 것이다."

"성과란 멈추지 않고 한 발 한 발 나아가는

실행의 힘이다."

5·3
How
어떻게 실행해야 하는가?

이제 실행이 무엇인지, 왜 실행이 필요한지도 알았다.

그럼 실행력을 높이기 위해서는 어떻게 해야 할까?

| 실행력을 높이는 5가지 방법 |

실행력에 영향력을 미치는 첫 번째는 기획력이다.

기획력이란,

일을 하기 전에 기대하는 결과물(목표), 인과적인 달성 전략,

예상 소요자원을 잘 산정할 수 있는 역량을 말한다.

실행의 기준은 기대하는 결과물, 즉 목표이기 때문에

일을 하기 전에 목표가 구체화되어 있느냐에 따라

어떻게 실행하느냐가 결정된다.

실무자들의 실행력에 영향을 미치는 두 번째는

자신의 머리로 주체적으로 생각하는 사고력이다.

실행하는 당사자가 무엇을 어떻게 할 것인지

자신의 머리로 생각하지 않고

상위리더의 지시를 받아 움직인다든지

다른 사람의 흉내를 낸다든지 하게 되면

간절함과 절실함이 빠져 버린 소위 영혼 없는 실행이 되어 버린다.

리더가 되었든 실무자가 되었든

실행 주체가 자신의 생각을 가지고

일을 통하여 기대하는 구체적인 상태적 목표를 설정하고

달성 전략과 방법과 실행 계획을 수립하고 실행해야

자기주도적으로 실행하게 된다.

기획력과 주체적 사고력을 전제로 했을 때,

실행력을 높일 수 있는 방법은

대개 5가지 정도로 정리해 볼 수 있겠다.

❶ 가장 중요한 목표에 집중한다

조직이나 개인이 여러 가지 목표에 힘을 쏟는 것이 아니라

상위조직의 성과창출에 결정적인 영향을 미치는

선행목표의 우선순위를 정해서

가장 중요한 목표에 집중하는 것이 중요하다.

여러 가지 목표에 동시에 역량을 분산하다 보면

한정된 자원을 전략적으로 배분할 수 없고

조직의 집중력이 분산될수록

실행 능력이 떨어질 가능성이 크기 때문이다.

중요한 목표는, 정해진 기간 내에 한정된 역량과 자원을

가장 우선적으로 쏟아부어야 하는 우선과제의 목표를 말한다.

가장 중요한 목표를 중심으로

각 부분의 전략들이 목표에 얼마나 부합하며

서로 어떻게 시너지를 내는지 확인하는 것이 필요하다.

또한 주간이나 일일 단위의 일상적인 업무를 수행할 때도

무슨 일을 하든지 항상 기대하는 결과물을 먼저 구체화해 놓고,

기대하는 결과물을 달성하기 위해

무엇을 어떻게 할 것인가 고민하는 것이

실행력을 높이는 방법이다.

❷ 선행지표에 따라 행동하고,

후행 성과에 인과적인 영향을 미치는 원인 행위를 관리한다

실행을 할 때

후행지표가 아닌 선행지표를 기준으로 행동하는 것이 중요하다.

매출이나 이익이 중요하다고 해서

백날 그것만 강조하고 따져 봐야 결코 나아지지 않는다.

어제보다 나은 오늘을 만들기 위해서는

각오하고 다짐하고 맹세만 할 것이 아니라

어제와 다른 프로세스, 어제와 다른 선행 행동을 해야

어제와 다른 결과를 기대할 수 있다.

예를 들어,

3개월 동안 몸무게 10kg을 감량한다는 목표를 세울 경우,

10kg 감량은 후행지표가 된다.

10kg을 감량하려면 어떻게 해야 할까?

식단을 짜고 식사량을 줄이며 운동을 해야 한다.

이때, 식단, 식사량, 운동이 선행지표가 되며,

이는 곧 인과적 요소, 전략적 요소에 해당한다.

또한 최종성과목표를 달성하기 위해서는

막연하게 일일 단위로 실행하는 것이 아니라

월간·주간·일일 단위의 작은 과정목표로 잘게 캐스케이딩하여

인과적 연계성을 유지하는 것이 핵심이다.

❸ 진행사항을 기록하고 눈으로 확인한다

오늘 해야 할 일이 아침에 모두 결정되지 않을 수도 있다.

이럴 때는 우선 결정할 수 있는 것을 먼저 기록하고,

중간에 추가되는 과제는, 과제를 언제 시작하든지

시작하기 전에 기대하는 결과물과 완료시간, 예상 소요시간,

기대하는 결과물을 달성하는 데 예상되는 문제나 이슈를 도출하고

대응방안을 기록하고 시작하는 것이 좋다.

그렇게 하는 이유는 기억의 한계가 있어서이기도 하지만,

기록을 하는 과정에서 과제, 목표, 시간이

자연스럽게 머릿속에 각인되어

실수는 줄고 실행력은 높아진다.

또한 중간중간 진행 과정을 기록하여 전략이 얼마나 진행되었는지

눈으로 확인할 수 있도록 하는 것이 좋다.

그래야 실행력이 올라간다.

❹ 매일, 매주 반복적으로 꾸준하게 실행한다

아무리 높은 목표라 하더라도 잘게 캐스케이딩해서

매일, 매주 반복적으로 실행하다 보면,

조금씩 과정결과물이 쌓이고 달성된다.

매일 조금씩 반복하면 시작이 수월해지고,

일일 과정결과물에 대해 통제 가능해지고,

동시에 결과에 대한 부담이 줄어들고,

어제보다 오늘 새로운 생각이 떠오르고,

반복적으로 실행하는 습관이 생긴다.

❺ 역할과 책임을 서로 공유하고 서로 격려한다

정기적이고 짧은 회의를 통해

각자 맡은 역할과 책임에 대해 크로스(cross) 피드백을 하며

서로 격려하는 시간을 갖는다.

자신이 한 일을 자기가 볼 때는 별문제 없어 보이더라도

선행, 후행의 역할과 책임으로 서로 얽혀 있는 다른 사람이 볼 때는

문제가 보일 수도 있고, 놓치고 있는 부분이 보일 수 있다.

'사람은 스스로 생산하는 데는 재주가 없을지 몰라도,

다른 사람을 비평하는 데는 탁월한 재주가 있다'는 것을

항상 명심하고 활용하면 좋다.

이 5가지 원칙을 자신의 업무 프로세스에 맞게 구축하면

전략의 실행력은 더 강화될 것이다.

| 기획하고 계획한 내용을 제대로 실행하는 법 |

기획하고 계획한 내용을 실행으로 옮길 때는

현장의 현재 상황에 대한 데이터를 고려하여 적용한다.

아무리 일을 하기 전에 기획과 계획을 치밀하게 세웠다 해도

막상 실행 과정에 들어가면 환경이 이미 변화되어 있는 경우가 많다.

이때는 이미 수립된 분기나 월간 목표와 전략을

변화된 환경과 역량 변화에 맞추어 수정해야 한다.

이를 '롤링플랜(Rolling Plan)'이라고 한다.

또한 모니터링(Monitoring)을 통해

일상적이고 반복적인 역할과 책임을 제대로 실행하고 있는지

객관적으로 점검해야 한다.

개인의 건강검진 지표처럼, 자신이 하고 있는 식생활이나 운동이

제대로 건강하게 진행되고 있는지 핵심지표와 목표를 설정하여,

일종의 대시보드(계기판, 현황판)를 만들어

기간별로 상태를 모니터링하고 건강 여부를 체크하고

대책을 세우는 것이 필요한 것과 같은 이치이다.

모든 일에 대해 목표를 설정하고 전략을 수립하고

액션플랜과 플랜B를 수립하는 일련의 프로세스를 적용하는 것은

현실적으로 힘들 수도 있다.

그래서 일상적인 일들은 반복적으로 하기 때문에

해야 할 일(과제), 기대하는 결과물(목표),

실행 일정(납기)만 있어도 된다.

단, 일상적인 업무 활동이 제대로 진행되고 있는지

관리지표와 목표, 관리 주기를 설정하고 추이를 지켜보는

모니터링은 반드시 필요하다.

자신이 할 수 있는 일과 할 수 없는 일,

직접 해야 할 일과 위임해야 할 일을

구분하는 것 또한 매우 중요하다.

특히, 하고 싶은 일과 해야 할 일이 많을수록

자신이 반드시 직접 해야만 하는 일, 구성원에게 위임해야 하는 일,

상위직책자나 타 부서에 부탁해야 하는 일을 구체적으로 구분하고,

자신이 반드시 해야 할 일, 할 수 있는 일에 집중해야 한다.

팀원이나 실무자는

정해진 기간에 실행해야 할 우선과제를 스스로 고민하여

기대하는 결과물의 기준과 달성 방법을

반드시 팀장의 코칭을 받고 수행한다.

역량이 부족해서 코칭을 받는 것이 아니라

위치가 다르고 관점이 다르기 때문이다.

리더와 실무자의 관계는 숲과 나무에 비유할 수 있다.

숲속의 나무는 볼 수 없는 사각지대에 있는 요소를

숲의 관점을 가진 리더의 리트머스 기능을 활용해 살피라는 것이다.

근거 없는 자신감과 어설픈 자존심 때문에

자신의 역할을 제대로 수행하지 못하면

책임져야 할 성과를 창출하지 못하는 것은 물론이요,

그것으로 그치지 않고 더 나아가

상위조직의 성과창출에 부정적인 영향을 미치게 된다는 것을

늘 명심하고

조직 전체적인 관점에서 생각하는 지혜가 필요하다.

| 실무자의 실행력을 높이기 위한 리더의 역할 |

실무자의 실행력을 높이려면
리더는 실무자의 능력과 역량에 대한 현재 수준과 기대 수준을
수시로 관찰하고 파악하여 기록하고,
월간이나 분기 단위의 정기적인 면담이나
중간중간에 면담을 통해 당사자에게 피드백해 주고
교육훈련 개발목표를 월간이나 분기 단위로 설정하고
실행할 수 있도록 코칭하여야 한다.

지속가능한 실행력이 유지되려면 일이 끝날 때마다
그리고 주간·월간·분기·반기·연간 단위로
역할과 책임에 대한 성과 평가와 리뷰, 피드백이
자연스럽게 습관적으로 이루어져야 한다.
그러한 과정을 통해 무엇보다도 실무자 스스로가 진심으로
리더의 피드백을 받아들이도록 하는 것이 핵심이다.

사람은 누구나 인정받고 존중받고자 하는 욕구가 있다.
객관적 기준과 사실을 바탕으로 자신과 자신이 한 일에 대해
공정하고 타당하고 납득할 수 있는 평가와 피드백이 이루어질 때,
진심으로 반성하고 개선하고 혁신하고 도전한다.

Chapter 6
평가

"살아남는 종은 가장 강한 종이나 가장 똑똑한 종이 아니다.
변화에 가장 잘 적응하는 종이 살아남게 되는 것이다."
- 찰스 다윈 -

"과거를 기억하지 못하는 사람들은 과거를 되풀이하는 운명을 맞게 된다."
- 조지 산타아나 -

"평가란 역할과 책임에 따른 기여가치와
발전 방향에 관한 객관적 판단 행위이다."
- LD, Ryu -

6 · 1
What
평가란 무엇인가?

| 질문으로 감잡기 |

우리는 평가와 관련해서

주로 다음과 같은 질문들을 듣거나 해 봤을 것이다.

평가를 하나? 평가를 안 하나?

평가를 주나? 평가를 받나(당하나)?

평가가 필요한가? 평가가 필요하지 않은가?

평가가 좋은가? 평가가 나쁜가?

평가에 만족하는가? 평가에 만족하지 않는가?

위의 질문들에는 이런 의미들이 내포되어 있다.

평가를 하다. = 평가는 **행동**을 하는 것이다.

평가를 주다. 평가를 받다. = 평가는 **雙方의 활동**이다.

평가가 좋다. 나쁘다. = 평가는 정해진 **기준**에 의해 측정된다.

평가에 만족하다. 불만족하다. = 평가는 **감정**에 영향을 미친다.

| 일 잘하는 사람을 평가하는 기법 |

직장에서 매년 구성원들이 얼마나 일을 잘했는지

평가할 때 사용하는 기법은

대체적으로 3가지가 사용되어 왔다.

첫 번째는, 평정(評定, Rating) 기법으로

주로 '업무태도'가 판단 기준으로 작용한다.

업무태도의 핵심은 성실성과 지시이행력이다.

평정이란, '평가를 하여 서열을 정한다'라는 의미를 담고 있다.

'근무평정', '근평'이라는 말이 여기에 어원을 두고 있다.

아직도 사람을 평가할 때,

기저에는 평정 기법이 자리하고 있다.

두 번째는, 고과(考課, Appraisal) 기법으로

주로 해당 업무를 수행하기 위해 필요한 자격요건인

'직무수행 능력'이 판단 기준으로 작용한다.

직무수행 능력의 핵심은 지식, 스킬, 태도, 경험이다.

직무수행 능력이 뛰어나면, 일을 잘하게 되어 있다라는 논리이다.

'인사고과', '고과한다'라는 말이 여기에 어원을 두고 있다.

아직도 많은 사람들은 인사고과를

인사 평가와 같은 개념으로 사용하고 있다.

세 번째는, 평가(評價, Evaluation) 기법으로

주로 해당 업무 수행의 목적결과물의 기준과

행위의 목적결과물을 판단 기준으로 활용한다.

일의 성과에 대한 가치판단 기준으로는

핵심성과지표(KPI, Key Performance Indicator)를,

행위의 목적한 결과물에 대한 가치판단 기준으로는

핵심행위지표(KBI, Key Behavior Indicator)를 사용한다.

보통 인사 평가라고 하면 성과 평가와 역량 평가라고 하는데,

아직도 많은 기업들은 성과 평가를 업적 평가라고 한다.

업적 평가는 실적 중에 탁월한 실적을 업적이라고 하는데,

한 일 중에 회사나 기관에 기여한 일을 평가하여 보상하는 기법이다.

| 직장에서 평가의 개념 |

평가란

일이 끝나고 나서

사전에 조직과 구성원이 합의한 목표나 기준대로

기대하는 결과물인 성과가 달성되었는지 검증하는 활동이다.

조직과 구성원이 합의한 목표달성을 위해

각 조직과 개인이

직책, 기능, 기간별로 기여해야 할 역할과 책임의 기준을

사전에 설정하고,

한정된 자원을 전략적으로 배분하여 투입하고 실행한 후,

그 결과에 대해 가치를 판단하고 피드백하는 전략적 행위이다.

평가란 '가치를 평가하는 것'이기 때문에

달성된 결과물에 대한 기준 대비 달성 가치에 초점을 맞춰야 한다.

즉, 목표 대비 실제로 수행한 결과물에 대해

달성도를 객관적으로 판단하고 그 가치를 인정하며 독려하는,

조직의 가장 공식적인 커뮤니케이션 기준이 되어야 한다.

그러나 일부 국내 기업들은

평가를 여전히 힘들고, 어렵고, 낯선 것으로 여기고 있다.

그 이유로는 유교문화, 연공서열 기준에 바탕을 둔

수직적 계급주의, 최고경영자 중심의 경영, 군대식 상명하복의

조직문화가 존재하기 때문이다.

평가의 본질적인 의미와 목적이 간과된다면,

구성원들은 '일 따로, 평가 따로'라는 마인드로 일하게 되며,

자신이 받은 평가 결과를 진심으로 받아들이지 못하게 된다.

특히, 평가 결과가 좋지 않을 경우

원인을 찾고 개선하려 하기보다는

자신은 아무 문제가 없고

오히려 평가 과정과 결과가 잘못된 것이라고

자기합리화하기가 쉽다.

6 · 2
Why
왜 평가를 해야 하는가?

| 사람들의 답변 |

지금까지 평가가 무엇인지를 알아보았다.

그럼 왜 평가를 해야 하는지에 대해 제대로 답할 수 있는가?

• 성과목표를 달성하여 성과창출에 기여하기 위함이다 •

성과 평가는

평가대상자가 목표를 달성했는지,

목표를 달성하지 못했으면

원인과 해결책은 무엇인지 정확하게 알기 위한 것이다.

성과 평가의 목적은

단지 점수와 등급을 매기고 서열을 결정짓는 것이 아니라

성과를 내지 못한 원인을 분석하여 개선과제를 찾아내고

미흡한 부분을 메우기 위한 만회대책을 수립하고 실행하는 것이다.

스스로 동기부여하는 데에는

자신에 대한 객관적인 평가와 피드백만큼 좋은 것이 없다.

긴장감 없이 나태하게 일하는 사람은

지난날을 되돌아보며

'앞으로는 정말 열심히 해야겠다.'고 반성할 수 있고,

열심히 일하는 사람은

'예전에 내가 이렇게 열심히 했는데 쉽게 무너지지 말아야겠다.'고

결심하기도 한다.

직장에서 보내는 하루 8시간을

과제와 기대하는 결과물을 기준으로 구체적으로 써 보고,

과제를 수행하고 나서 평가하고 피드백을 해 보면,

자신이 어떻게 일하고 있는지, 무엇이 부족한지,

무엇을 교육하고 훈련해야

오늘보다 다른 내일을 기대할 수 있는지 알 수 있다.

또한 자신의 강점뿐만 아니라 어떤 경력을 쌓아야 할지,

회사에서 어떤 확장된 역할을 더 맡아 보고 싶은지도 알 수 있다.

• 구성원의 성장과 발전을 위함이다 •

평가가 없으면 성장과 발전을 기대할 수 없다.

일을 시작하기 전에

일을 시킨 사람, 상위리더와 일을 실행하는 사람이

기대하는 결과물이나 목표에 대해 구체적으로 상호 합의하고,

일이 끝나고 나면

실행한 사람이 사전에 합의한 기준에 따라 자기 평가를 해 보고,

개선해야 할 부족한 부분을 도출하여

주요한 과제에 따라 매번 실행하거나

최소한 한 달에 한 번 정도 일을 시킨 사람이나 상위리더에게

구체적으로 피드백하고 공정한 평가를 받고 코칭을 받는다면,

일을 실행한 당사자는 자신의 역량 수준을 명확하게 인지하고,

향후 보완해야 할 능력을 개발하고,

역량을 훈련하는 계기로 삼게 된다.

6·3
How
어떻게 평가해야 하는가?

이제 평가가 무엇인지, 왜 평가가 필요한지 알았다.

평가는 조직의 가장 공식적인 커뮤니케이션 기준이다.

성과 평가의 핵심은 시키는 대로 얼마나 열심히 일했는가가 아니라

'목표와 전략이 제대로 실행되어 목표한 성과가 창출되었는가?'이다.

그러므로 성과 평가의 모든 단계는 성과목표 달성에 기여하고

구성원 개개인의 발전을 유도하는 것이어야 한다.

일을 수행하기 전 평가 기준을 설계하는 단계부터

평가가 완료되기까지 거치는 모든 과정이

평가대상자를 중심으로 운영될 수 있도록 해야 한다.

즉, 평가대상자가

'자신의 순위가 매겨진다. 평가를 당한다.'라고

수동적으로 받아들이지 않고

평가자와 합의한 목표를 달성해 나가는 과정에서

평가의 근거자료를 축적하고 확인하며

발전적으로 활용하도록 해야 한다.

이를 위해 평가자는

구성원을 일방적으로 심판하는 판사의 역할이 아니라

구성원들이 성과를 제대로 창출할 수 있도록 코칭해 주는

코치가 되어야 한다.

구성원들이 평가가 공정하고 합리적으로 운영된다고 느끼기만 해도

구성원들의 행동이 달라진다.

반대로 구성원들이 평가 결과를 납득할 수 없다면,

몰입도와 호응이 떨어지며, 조직의 성과에 악영향을 주게 된다.

| 조직에 긍정적 변화를 주기 위한 평가의 조건 |

❶ 평가의 공정성을 갖춘다

평가의 공정성은, 기준·절차·평가자 공정성으로 나뉜다.

기준 공정성은,

성과 평가와 역량 평가 기준과 목표 수준에 대한 것이다.

절차 공정성은,

사전에 평가자와 평가대상자가

평가 기준에 대해 객관적으로 합의하고,

실행 과정에서 캐스케이딩에 대해 커뮤니케이션하고,

평가를 할 때 평가자가 일방적으로 통보하는 것이 아니라

객관적인 근거를 바탕으로 1차 자기 평가를 하고

2차 평가자 평가를 진행하는 일련의 절차의 공정성이다.

평가자 공정성은,

평가자가 주관적으로 평가하지 않고

객관적인 근거에 따라 객관적으로 평가했는지를 말한다.

평가자가 평가대상자에 대한 자질 평가와

대상자의 역할과 책임의 기준에 대한 평가를 혼동하지 않고

평가대상자에 대한 선입견과 편견 없이 평가하는 것이다.

조직이 자신을 얼마나 제대로 평가하고 인정해 주는가가

구성원들에게 동기부여 요소가 되므로

객관적이고 공정한 평가 기준을 마련하는 것은

건전한 조직문화의 매우 중요한 요소이다.

❷ 평가 근거자료를 확보한다

조직은 구성원들이 얼마나 노력을 쏟아부었는지보다

목표한 일을 달성했느냐 못했느냐를 훨씬 더 중요하게 평가한다.

열심히 노력했는지의 여부는

객관적으로 확인할 수 없는 실행자의 주관적인 판단 기준이므로

평가 결과에 대해 제대로 소통하기 위해서는

객관적인 근거자료가 필요하다.

가능하면 월간·주간 단위의 객관적인 데이터를 준비하는 것이 좋다.

스스로도 주관적인 판단으로 자신의 결과물을 높게 평가하기보다는

객관적인 판단으로 부족한 부분을 채울 수 있는 시각이 필요하다.

❸ 사전에 기준을 합의하고 정기적으로 기준과 비교하여 스스로 피드백한다

평가받을 만한 일을 얼마나 올바르게 선택해서

사전에 합의한 목표 수준대로

얼마나 제대로 성과를 냈는지를 평가하는 데 초점을 맞춰야 한다.

여기서 특히 강조되어야 할 점은

일을 실행하기 전에 평가자와 평가대상자 간에

평가 기준에 대해 상호 공유해야 한다는 것과

사전에 합의한 기준에 따라 평가해야 한다는 것이다.

평가대상자가

자신이 정확히 무엇을 기준으로 평가받을지 알지 못한다면,

경기의 룰을 심판만 알고 선수는 모르는 채로

경기에 참가한 것과 같다.

평가 제도상에서

공식적으로 실시하는 평가 횟수가 년 1~2회로 정해져 있다 하더라도,

평가를 해당 기간에 한번에 몰아서 해치우는

일회성 행위로 생각하지 말고,

부여받은 목표를 분기나 월간 단위로 나누어 과정목표를 세우고

실제로 달성한 과정결과물과 비교해 봄으로써

자신의 역량 수준을 명확하게 인지하고

향후 보완해야 할 역량을 개발하는 계기를 만드는 것이 중요하다.

과제 단위, 주간 및 월간 단위의

상시적인 목표 대비 성과를 스스로 평가해 보고

연간 성과목표를 향해 잘 진행하고 있는가를

주기적으로 스스로 모니터링하는 것이

합리적이고 공정하고 객관적으로 평가하는 방법이다.

❹ 결과와 과정을 동시에 리뷰하고 시사점을 찾는 것이 좋다

평가의 핵심은

기대하는 결과물이 사전에 설정한 기준과 일치하는지 여부이다.

이것이 가장 중요한 판단 기준이다.

객관적인 평가를 위해서

1차적으로는 기준 대비 결과를 먼저 평가하고,

2차적으로는 실행 과정이 기대하는 결과를 위한

인과적인 과정이었는지

다시 한 번 살펴볼 필요성이 있다.

일을 열심히 했는데도 성과가 없는 사람들은

일하는 과정을 복기해 보며 그 원인을 찾아야 한다.

자원을 투입했는데 아웃풋이 없다는 것은 말이 안 되기 때문이다.

일을 했으면 성과를 내야 하는 것이 정석이다.

이런 경우 면밀히 분석해 보면,

일하는 방법이나 전략이 인과적으로 수립되지 않은 경우가 많고

처음부터 목표 자체가 구체적으로 제대로 설정되지 못한 경우도 많다.

또한 전략은 타깃 중심으로 세웠으나 남의 도움이 필요한 일도

자신이 모두 처리하려고 해서 일정 준수에 문제가 생겼다든지,

반대로 다른 사람에게만 너무 의존했다든지 하는 원인으로

성과목표를 달성하지 못하는 경우도 발생한다.

별로 노력하지 않았는데

목표한 것 이상으로 성과가 좋은 경우도 종종 있다.

이런 경우에도 목표를 달성하는 과정에서

자신이 어떤 노력을 했는지 객관적으로 살펴보고,

우연한 성공이었으면 다음번에는

자신의 역량으로 성공할 수 있도록 조치를 취해야 한다.

행운이나 우연은 여러 번 반복해서 따라오지 않기 때문이다.

결과만 보고 너무 좋아할 것도 좌절할 것도 아니다.

답은 인과적 실행 과정 속에 숨어 있다.

결과가 좋지 않더라도 과정에서 좋았던 점을 찾을 수 있고,

반대의 경우에도 과정에 문제가 숨겨져 있을 수도 있다.

결과와 과정을 동시에 살펴볼 때 더욱 객관적인 평가가 가능해지며,

리더나 동료들에게 조언을 받기에도 훨씬 수월해진다.

❺ 보완이 필요한 능력과 역량 항목을 도출한다

일이 끝나고 나면, 따로 누가 뭐라 하지 않더라도

되도록 과제 단위로 아니면 최소 월간 단위로는

스스로 성과와 인과적인 영향을 미쳤던

고정변수와 변동변수에 대한 전략을 평가하고,

개선과제를 도출하고 만회대책을 세우고,

다음 기간의 과제와 목표를 세우는 훈련을

끊임없이 반복해서 실행하는 것이 바람직하다.

그래야 반기나 연간 단위로 평가를 할 때

근거 있게 수월하게 평가할 수 있다.

일하는 프로세스에 대한 역량과 일하는 내용에 대한 능력을

평소 한 달에 한 번씩 스스로 평가하고

부족한 부분을 보완하는 것을 습관화하는 것이

올바른 습관을 체질화하는 데도 도움이 된다.

이때 본인이 직접 평가자 입장이 되어

자신의 성과와 역량을 객관적으로 평가하고 피드백하면서,

개인 단위로 성과관리를 해 보기를 추천한다.

| 다양한 평가 방법, 이것만은 꼭 알고 가자 |

❶ 정성적 평가 vs. 정량적 평가

모든 업무 수행의 결과물은

반드시 측정 가능하고 예측 가능한 것이어야 한다.

측정할 수 없다는 것은 곧 관리할 수 없다는 것이고,

결국 궁극적인 성과목표를 달성할 수 없게 된다는 것을 의미한다.

업무는 정성적인 것도 있고, 정량적인 것도 있지만

어떤 업무든 일정 기간 그 일의 목적에 해당하는 결과물의 기준은

정량화가 가능하다.

즉, 정성적인 업무와 정량적인 업무로 구분은 할 수 있지만,

평가는 모두 정량적이어야 한다.

단지 일하는 목적과 결과물의 구체적 기준을 잘 알지 못하기 때문에

수치화하고 객관화하는 것이 어려울 뿐이다.

이럴 때는 너무 결과물을 수치화하고 정량화하는 데만

초점을 두지 말고

객관화하는 데 중점을 두는 것이 훨씬 평가 목적에 부합할 수 있다.

평소에 일을 할 때, 일의 목적에 대해 계속 의문을 갖고

일하는 목적을 가장 정확하게 설명할 수 있는

지표와 목표 수준을 정하고

절대값을 찾아보는 훈련을 하는 것이 좋다.

또한 기대하는 결과물을 성과지표와 수치로 표현하기 어려운 것은

기대하는 결과물의 세부내역을 구체적으로 나열하여

객관적으로 표현하는 훈련을 과제별로 반복하는 것이 필요하다.

초기엔 어려울 수 있다.

그러나 평가자와 평가대상자 모두

지속적으로 훈련하고 코칭하는 과정을 통해

평가 기준을 측정할 수 있도록 정량화하고 객관화하고,

사전에 합의하는 프로세스를 거치도록 해야 한다.

❷ 성과 평가 vs. 역량 평가

성과 평가는 핵심성과지표(KPI)를 기준으로,

역량 평가는 핵심행위지표(KBI)를 기준으로 평가한다.

성과 평가는 핵심성과지표와 수치목표를 기준으로 평가하는 방법인데,

핵심성과지표로 설정할 수 없는 목표의 경우에는

과제 수행을 통하여 기대하는 결과물의 기준을

세부내역, 세부구성요소의 형태로 기술하여

객관적으로 표현하는 것이 관건이다.

역량 평가는 성과를 달성하기 위한 인과적인 전략적 행위를

얼마나 제대로 실행했는지를 판단받는 것이다.

성과목표를 달성하기 위해 배분된 세부추진과제 중에서

특히 전략 실행과 긴밀히 연계된

핵심적인 행동 특성을 기준으로 평가하는 것을 말한다.

그러므로 연간 성과목표를 달성하기 위한 전략을 실행하는 관점에서

가장 바람직한 행동 특성이 무엇인지 먼저 도출해야 한다.

그리고 그와 관련된 전략적 의도를 보다 명확히 해서

측정 가능한 형태의 평가지표로 활용할 수 있는

핵심행위지표를 설정하여,

구성원들이 어떤 방향으로 어떻게 실천해야 할 것인지

명확하게 알려 주면 된다.

예를 들어 '문제해결력'이라는 역량 항목과 관련 행위 기준만을 보고

1~5점 척도로 측정하는 것은

평가자의 주관이 끼어들 여지가 많다.

팀에서 요구하는 역량이 구체적으로 어떤 기준인지를

명확하게 설명해 줄 수 있어야 한다.

행동 주기, 핵심행동지표, 행위결과물을 수치화하여 목표로 설정해

'매주 고객으로부터 접수된 불만사항을 취합하여

문제의 원인과 개선방안과 향후 실행 계획을 수립한 후

월 1회 팀에 공유한다'는 식으로,

추상적이거나 모호한 개념을 지표와 숫자를 통해

평가대상자가 발휘하기를 바라는 역량 수준을

구체적으로 나타내는 것이 필요하다.

또한 역량 평가는

개인의 역할 또는 맡고 있는 업무의 종류나 수준에 따라

평가대상자에게 적용되는 평가 기준이 다르다.

예를 들어 작년과 동일한 A라는 성과목표와

새로운 업무에 부여된 B라는 성과목표가 있다면,

각각을 달성하기 위해 발휘해야 할 역량 항목을 도출하고

핵심행위지표를 도출하는 과정에서

평가자 재량에 따라 그 가중치를 다르게 할 수 있다.

기존에 해 본 성과목표이고 이미 발휘했던 역량은 가중치를 낮게,

새롭고 더 높은 수준의 역량을 발휘해야 하는 경우는

가중치를 더 높게 부여하는 식이다.

❸ 바람직한 동료 평가 방식

동료 평가는 역량 향상을 위한 참고사항으로 활용해야지

역량 평가점수로 반영하는 것은 금물이다.

동료 평가의 강점은

동료들에게 성장을 위한 건설적인 시사점을 서로 제공함으로써

본인의 역량 향상은 물론 조직의 성과를 향상시킬 수 있다는 것이며,

일하는 과정을 직접 지켜본 동료의 조언이

직무 행동에 더욱 구체적인 사항을 반영할 수 있다는 점이다.

그러나 동료 평가 역시

평가자 오류와 개인적 호감도가 강하게 영향을 미칠 수 있으므로

구성원들 간 적대심과 경쟁심을 최대한 배제하고

평가할 수 있는 방법을 사전에 마련하고

그에 따른 교육과 훈련이 필요하다.

즉 동료를 제대로 평가하고 제대로 평가받기 위해서는,

사전 평가 기준 설정을 통해

평가대상자에 대해 어떤 기준으로 평가할지를 구체적으로 합의하고,

마련된 기준에 따라 객관적으로 평가해야 한다.

공공기관이나 기업에서 실시하고 있는

다면평가, 360도 평가라고 하는 동료 평가는 취지는 좋지만,

실제 평가 결과를 보면 평가자의 주관적인 감정이 개입되어

제대로 역할을 못 하고 있는 것을 볼 수 있다.

다면평가도 목적에 따라 다르게 사용해야 한다.

보임이나 함께 일할 사람을 평가하는 용도라면

행위 중심의 다면평가를 하여 참고하는 것이 좋다.

대부분의 조직에서 실시하는 다면평가가

행위 기준을 정해 두고

평가자가 평가대상자의 행위 기준과 비교해서

자신의 생각을 평가하는 방식이다.

올바른 평가와 피드백을 목적으로 하는 다면평가라면

기준 중심의 다면평가를 해야 한다.

동료나 상위리더, 하위팀원 등 평가자들에게

사전에 평가대상자에게 요구하는 행위 기준을 구체적으로 접수받아,

평가대상자가 어떤 기준으로 평가받는지

사전에 기준을 구체적으로 알려 주고

기준에 부합되게 행동하도록 하는 것이 목적이다.

❹ 자질 평가 vs. 역할과 책임(R&R) 평가

평가는 평가 결과와 활용 목적에 따라 방법이 달라진다.

직무수행의 결과물에 대한 가치를 판단하느냐,

일을 하는 사람의 자질을 판단하느냐에 따라 평가의 기준이 다르다.

직무수행 평가는

사전에 설정해 놓은 성과 평가와 역량 평가의 기준과 대비하여

달성한 정도를 평가하는 것이며,

객관적 기준으로 평가하고 주로 보상과 직접적으로 연계시킨다.

사람에게 내재된 가치를 판별하는 가치평가는

주관적 자질 평가의 성격으로

채용, 승진, 보임, 이동, 퇴직 등 평가대상자를

적재적소에 배치하기 위해 실시한다.

이때의 평가 기준은

주로 조직의 인재상과 핵심가치의 이행 여부가 된다.

특히 승진의 경우,

상위 직책이나 상위 직무수행자가 될 올바른 역량을 갖추고 있는지,

인재상과 핵심가치를 행동으로 실현하고 있는지,

다각도로 평가를 해야 한다.

자질 평가의 목적은 육성을 위한 피드백이다.

평가대상자가 개선해야 할 역량에 대해

1년 정도 관찰한 후 구체적으로 피드백함으로써

자신에게 부족한 역량, 즉 인재상과 핵심가치와 관련된

어떤 자질과 태도를 함양해야 하는지

조직에서 제시한 역량 모델을 바탕으로

이해할 수 있도록 해 주는 것이 필요하다.

❺ 상대평가 vs. 절대평가

평가를 하는 방법에는 상대평가와 절대평가 방법이 있고,

평가 결과를 반영하여 등급을 결정하는 방법에도

상대반영방법과 절대반영방법이 있다.

보통 상대평가, 절대평가라고 할 때는 대부분 반영방법을 말한다.

상대평가는

팀장 이상이나 팀원, 경영지원 부문, 영업 부문, 생산 부문과 같이

비슷한 성격의 업무나 역할을 수행하는 집단을 같이 묶어서

공통의 평가항목으로 평가하여

상대적 서열을 결정하는 방식을 말한다.

타인 혹은 타 조직과 비교해

팀별 혹은 개인별 성과나 역량에 대해

서열을 매기고 평가하는 방식이다.

평가 결과를 반영할 때

상대반영 방식은 강제할당 방식이라고도 한다.

S등급 5%, A등급 10%, B등급 60%, C등급 15%, D등급 10%와 같이

사전에 등급별 할당율을 정해 놓고,

평가 결과의 상대적 서열에 따라

평가등급을 강제로 할당하는 방식을 말한다.

절대평가는

다른 사람과 비교하는 것이 아니라

자신의 역할과 책임과 관련한 성과목표나 역량 평가 기준을

사전에 구체화해서 정하고 목표 기준 대비 평가를 한다.

절대평가를 한다는 것은

개인의 역할과 책임의 기준에 따라

평가 기준이 모두 다 다르다는 것을 의미하기 때문에

평가대상자 수만큼 평가표가 존재하는 것이다.

평가 기준을 명확히 설정해 사전에 합의하고

그에 따라 자신이 부여받거나 달성해야 할

절대적인 목표 수준과 비교해

기준 대비 달성도를 평가하는 것이다.

절대반영방법을 일명 점수법이라고도 하는데,

정해 놓은 기준을 만족하면 모두 해당 등급을 부여받는 방식이다.

상대평가는 상호 경쟁심을 유발시키는 순위경쟁 방식이며,

절대평가는 자신의 절대적 목표 수준과 비교하는

기록경쟁 방식의 평가 방법이다.

상대평가의 장점은

구성원 간의 능력이나 역량 차이를 확실히 구분할 수 있고,

조직 내에서 상대적 우위를 평가할 수 있다.

단점으로는

상대평가에 의한 차별적 보상이 이루어지므로 팀워크를 약화시키고,

단기성과에 초점을 두도록 조장하여

구성원을 눈치꾼으로 만드는 경향이 있다.

또 성과 제고에 대한 압력이 높아지면, 새로운 시도를 하기보다

기존 관행과 검증된 경험과 지식만을 따르려는 경향이 높아져

혁신이 어려워질 수 있다는 점과

사일로 현상(조직의 부서들이 다른 부서와 소통하지 않고 내부의 이익만을

추구하는 부서 간 이기주의 현상)이 생길 수 있다는

문제점이 제기되기도 한다.

최근에는 이러한 상대평가의 단점으로 인해

절대평가로 전환되고 있는 추세이다.

모든 구성원들의 역할과 책임은

조직 내 다른 구성원들과 비교될 수 없는 고유성과 차별성이 있다.

리더가 구성원과 사전에

업무수행 결과물에 대한 객관적 기준을 합의하여

구성원들이 자신의 역할과 책임을 구체적으로 깨닫고

업무에 몰입하도록

수시평가와 개인의 전문성, 조직에 대한 기여도를

객관적이고 설득력 있게 피드백해 주는

리더의 매니지먼트 역량을 높이는 것이 반드시 필요하다.

❻ 사정형 평가 vs. 육성형 평가

사정형 평가는 일명 시점평가, 단면평가라고도 한다.

평가 시점에 평가자가 평가대상자의 성과나 역량의 상태를

기준을 참고하여 평가하는 방법을 말한다.

평가자의 주관적 잣대가 작용할 가능성이 아주 크다.

사정형 평가는 결과 평가 방식이라고도 한다.

결과만 가지고 평가하는 방식이라는 의미이다.

육성형 평가는 성과 평가든 역량 평가든 능력 평가든,

사전에 평가 기준을 목표의 형태로 구체적으로 정해서

평가대상자에게 충분히 인식시키고

일정 기간이 지난 평가 시점에

얼마나 사전에 제시한 목표 대비 달성을 했는지

평가하는 방식을 말한다.

육성형 평가는 평가의 목적 자체가

평가를 통해 점수나 등급을 결정하기 위한 것이 아니라

평가 기준을 대상자에게 부여하여 성장시키고 육성하기 위함이다.

평가란 모름지기 사후 판단이나 사후 심판이 목적이 아니라

평가대상자로 하여금 해당 평가 기준을 달성하게 하는 것이

1차적인 목적이고,

평가 기준을 달성하는 과정에서

창의적인 사고 역량이 생기고 혁신 역량이 체질화되게 하는 것이

장기적인 목적이다.

그래서 평가점수나 평가등급에 초점을 두기보다는

평가자가 기대하는 기준을 사전에 제시하고

일정 기간 동안 달성하게 하는

육성형 평가를 지향하는 것이 바람직하다.

Chapter 7
역량

"조직의 학습능력, 그리고 그것을 신속히 행동으로
옮기는 능력이 기업의 경쟁우위를 좌우한다."
- 잭 웰치 -

"역량이란 성과를 반복해서 창출할 수 있는 체질화된 실행력이다.
성과를 창출하기 위해 기획하고 계획할 수 있으며
캐스케이딩하고 협업할 수 있으며
성과 평가하고 피드백할 수 있는 행동력을 말한다."
- I.D. Ryu -

7·1
What
역량이란 무엇인가?

| 질문으로 감잡기 |

우리는 역량과 관련해서
주로 다음과 같은 질문들을 듣거나 해 봤을 것이다.

역량이 있나? 역량이 없나?

역량을 발휘했나?

역량을 개발했나?

역량이 필요한가? 역량이 필요하지 않은가?

역량을 평가하나?

위의 질문들에는 이런 의미들이 내포되어 있다.

역량이 있다. 역량을 발휘하다. = 역량은 **행동**하는 것이다.

역량이 필요하다. = 역량은 **일의 수준**을 결정한다.

역량을 개발하다. = 역량을 **키울** 수 있다.

역량을 평가하다. = 역량은 정해진 **기준**에 의해 **측정**된다.

| 직장에서 역량의 개념 |

역량은,

정해진 기간 내에 한정된 자원을 가지고

원하는 결과, 기대하는 결과, 성과를 창출할 수 있는 실행력이다.

역량은

원하는 결과물을 만들어 낼 수 있는 차별화된 경쟁우위를 말한다.

역량은

차별화된 경쟁력으로 고객가치와 원하는 성과를 창출할 수 있는

인과적인 전략 실행력이다.

역량은

실행력을 담보로 하는 성과창출의 충분조건이자,

'해낼 수 있는 힘'을 뜻하는 '두 하우(Do-how)'이다.

역량은

능력을 말할 때 사용하는 '보유' 대신 '발휘'라는 말이 붙는다.

직장에서 역량을 잘 발휘한다는 것은

그만큼의 성과를 창출한다는 의미이다.

역량은 우연히 일어나거나 일회적인 것이 아니라

반복적이고 지속적으로 발휘되는 성과창출과 관련된 행동 특성이다.

그러므로 성과와 관련이 없거나, 띄엄띄엄 확인되거나,

1회적이거나, 관찰할 수 없거나, 행동에 영향을 미치지 못하면

역량이 될 수가 없다.

역량을 제대로 발휘하려면 각 단계별로 역량 수준을 진단하여

훈련을 통해 주기적이며 반복적으로 숙련되어야 한다.

일을 시작하기 전에 기획하고 계획할 수 있고,

일을 하는 중에는 월간·주간 단위로 전체 목표를 캐스케이딩하여

기간별 성과를 과정결과물의 형태로 과정성과를 창출할 수 있고,

부족한 능력과 역량을 메우기 위해 상하좌우 협업할 수 있으며,

기간별 과정성과 평가와 피드백을 통해

정해진 기간 내에 최종성과를 창출해 내는 실행력이다.

역량의 기저에는 능력뿐만 아니라

눈에 잘 보이지 않는 태도, 철학, 가치관이 내포되어 있다.

그래서 역량은 체질화되어 있을 때 나타나는 것이다.

| 역량과 능력 |

역량(Competency)과 능력(Capability)의 차이가 무엇이라고 생각하는가?

능력은 업무를 수행할 수 있는 '직무 지식력'이고,

역량은 성과를 창출할 수 있는 '전략 실행력'이다.

능력은 역할을 수행하기 위한 자격요건이고,

역량은 책임을 완수하기 위한 자격요건이다.

조직에서 역량과 능력을 구분하는 기준은

전략적 실천 행동의 존재 여부이다.

즉, 일을 잘할 수 있다는 것과

성과를 창출할 수 있다는 것의 차이가 여기서 나온다.

일을 잘 안다고 해서

정해진 시간 내에 원하는 품질 수준의 결과물을

한정된 자원 범위 내에서 달성한다고 확신할 수 없다.

일에 대한 경험과 지식이 풍부하고 다양한 자격증이 있다고 해서

반드시 일을 잘하는 것이 아니다.

일을 잘 안다는 것은 능력의 문제이지만

성과를 창출하는 것은 역량의 문제이기 때문이다.

즉, 일을 잘하려면 기본적으로 능력이 필요하지만,

성과를 창출하려면 능력은 당연한 것이고

역량이 추가적으로 필요하다.

능력이 필요조건이면 역량은 충분조건인 것이다.

그러므로 일을 제대로 하기 위해서는

일에 대한 지식과 스킬, 태도 등의 '능력'과,

일을 실행하기 위한 행동력인 '역량'이

균형 있게 갖춰져야 한다.

| 역량의 6가지 특성 |

❶ 능력은 일반적으로

지식, 기술, 지능, 성격 특성 등으로 판단하지만,

역량은 직무수행 과정에서 나타나는

개인의 행동 특성을 중심으로 파악된다.

❷ 경영환경의 변화에 따라 필요 역량도 바뀐다.

조직에서 필요한 역량을 규명하여

중요성이 감소되고 있는 역량은 배제하고

중요성이 커지는 역량을 강화하여 조직경쟁력을 확보할 수 있다.

❸ 역량은 조직이 제시하는 성과 기준(성과목표)과

직무수행 환경에 따라 달라진다.

❹ 능력은 역할 수행을 위한 직무 분석을 통해
기준 도출이 가능하지만,
역량은 책임완수를 위한 전략 분석을 통해
기준 도출이 가능하다.

❺ 능력개발, 강점코칭, 도전적 직무, 높은 목표설정,
의미 있는 피드백 등에 의해
역량은 학습과 훈련이 가능하지만,
가장 효과가 높은 방법은 성과코칭이다.

❻ 역량은 성과창출을 위한
전략적이고 인과적인 행위 중심으로 기술되기 때문에
관찰이 가능하다.

| 역량의 3가지 측면 |

역량은 3가지로 구분될 수 있으며,

이는 서로 관련 및 중첩되어 있다.

핵심 역량(Core Competence, 조직 역량)은

기업의 경영전략과 직결되어 있는

조직(전사) 차원의 거시적 역량이다.

이를 위해 기업은 매년 전체 구성원들에게

추구하고 있는 미션과 기업의 장기적인 비전과

비전 달성을 위한 중장기목표와 달성 전략 실행을 위한

구체적인 행동지침을 훈련시킨다.

성과관리(Performance Management) 역량은

성과를 창출하기 위한 플랜, 두, 씨 앤 피드백

각 단계에서 요구되는 행동 기준을 말한다.

플랜(Plan) 단계에서는

기획하고 계획할 수 있는 역량이 필요하다.

두(Do) 단계에서는

캐스케이딩하고 협업할 수 있는 역량이 필요하다.

씨 앤 피드백(See & Feedback) 단계에서는

성과 평가하고 피드백할 수 있는 역량이 필요하다.

개인 역량(전략 실행 역량)은

역할을 맡은 구성원이

책임을 완수하기 위해 필요한 전략을 수립할 수 있고

행동으로 옮겨서 정해진 기간 내에

책임을 완수할 수 있는 역량을 말한다.

성과관리 역량이 훈련되어 있다고 하더라도

개인에게 어느 시점에 주어진 과제를 수행하여 정해진 기간 내에

상위리더가 요구하는 과제결과물을 이루어 내기 위해서는

해당 업무에 대한 특성과 성과가 창출되는 현장 상황을

잘 이해하고 있어야

상태적 목표와 인과적인 달성 전략을 수립할 수 있기 때문에

개인 역량은 직무수행 능력이 전제된 역량이라고 할 수 있겠다.

7 · 2

Why
왜 역량을 키워야 하는가?

| 사람들의 답변 |

지금까지 역량이 무엇인지를 알아보았다.

그럼 왜 역량을 키워야 하는지에 대한 답을 할 수 있는가?

• 기업의 지속가능한 성장을 위해서 •

경쟁이 치열한 시장에서 기업이 생존하려면

기업의 경쟁력의 원천인

경쟁우위 요소를 확보하는 것이 반드시 필요하다.

이 경쟁우위 요소는

회사가 보유하고 있는 돈과 같은 물질적 자본이거나

차별화된 기술력, 성과지향적인 업무처리 프로세스,

구성원들을 동기부여할 수 있는 합리적인 일 문화,

역량이 갖춰진 리더와 실무자 등이 될 수 있다.

시장이, 과거 제품과 산업 중심에서

고객과 가치 중심의 시장으로 전환됨에 따라

고객 접점의 구성원이

점점 더 중요한 경쟁우위 요소로 자리매김되고 있다.

그래서 기업들은 경쟁력 있는 구성원을 영입해 사업을 도모하고,

기존의 구성원들을 좀 더 경쟁력 있는 인재로

개발하고 훈련하고 코칭하는 것에

관심이 점점 더 커지고 있다.

• 한 번의 우연한 성공이 아닌 꾸준한 성공을 만들기 위해 •

한 번은 운 좋게 성공할 수 있다.

그러나 꾸준히 예측 가능한 성공을 거두기 위해서는

역량이 반드시 필요하다.

원하는 결과물을 제대로 얻기 위해서는

'머스트 비 퍼포먼스(Must be Performance)' 패러다임을

체질화하고 실행해야 한다.

창출하고자 하는 성과에 대해 제대로 기획하고 계획해야 하고,

기획하고 계획한 것을 인과적으로 실행하기 위해서는

캐스케이딩과 협업이 제대로 실행되어야 하며,

기간별 과정성과에 대해 객관적으로 평가하고 피드백하는

리뷰를 제대로 해야 한다.

그러기 위해서는

해야 할 일과 완료일정, 원하는 결과물과 인과적인 달성 전략을

꾸준히 기록하고 행동하는 습관을 체질화하는 것이 중요하다.

이번 주에 해야 할 일을 나열해 보고,

완료되어야 할 날짜나 시간을 구체적으로 적어 본다.

그리고 나서 완료일정 옆에 칸을 하나 더 만들어서

그 일의 결과물이 어떤 상태로 완성되어야 하는지

최대한 구체적으로 묘사해 본다.

그리고 실제 완료된 결과물과 비교하며 리뷰해 본다.

처음엔 어렵겠지만 꾸준히 하다 보면

분명 자신의 역량이 나아지고 있음을 느낄 것이다.

역량은 성실과의 지루하고 반복되는 싸움이다.

7·3

How
어떻게 역량을 키워야 하는가?

이제 역량이 무엇인지, 왜 역량 개발이 필요한지 알았다.

역량은 성과를 반복해서 창출할 수 있는 체질화된 실행력이다.

그럼 역량은 어떻게 개발할 수 있을까?

| 체질화되어야 할 역량의 3대 핵심요소 |

❶ 목표 상태를 현재화할 수 있는 역량

미래의 목표를 달성한 상태를,

마치 지금 현재 이루어진 것처럼

생생하게 명사로 표현할 수 있는 실행력,

비전을 제시할 수 있는 실행력을 말한다.

❷ 현재 상태를 객관화할 수 있는 역량

목표가 달성된 상태를 구체화하고

현재 상태를 현장과 현상의 데이터를 바탕으로

객관적으로 표현할 수 있는 실행력을 말한다.

❸ 전략 대상을 타깃화할 수 있는 역량

목표 수준과 현재 상태의 차이를 객관적으로 규명하고

목표를 달성하기 위해 공략해야 할 타깃을

고정변수와 변동변수로 도출할 수 있는 실행력을 말한다.

| 역량 향상 프로세스 |

역량이 뛰어나다는 것은 문제의식이 있다는 것이다.

문제란 '해결해야 할 일'이다.

해결해야 할 일은 과제라고도 하는데,

과제는 실행해야 할 역할이다.

자신이 맡은 일에서 문제를 느끼지 못한다면

해결해야 할 일이 무엇인지 잘 모르고

자신의 진정한 역할이 무엇인지

제대로 모르고 있다는 것과 같은 의미이다.

역량을 개발할 때는

지속적으로 성과를 창출하는 하이퍼포머들의 바람직한 행동 특성인

성과창출 프로세스 5단계로 접근하는 것이 가장 합리적이다.

기획, 계획, 실행, 평가, 피드백 과정을 단계별로 구분하여

각각의 역량 기준을 객관화하고

목표 수준과 현재 수준을 진단하는 것이다.

이때 기본 원칙은

성과창출 프로세스 단계마다 발휘해야 할 기준을 먼저 정해 놓고,

현재 행동으로 발휘하고 있는 수준을 기재한다.

그러면 기대하는 모습과 현재 모습 간의 차이가 드러나게 되는데,

이때 현재 행동 중 기대에 못 미치는 부족한 역량 상태를 찾아내어

훈련할 목표로 설정한다.

역량을 잘 발휘한다는 것은

고객과 현장의 현재 상황을 잘 파악하여

기대하는 결과물의 기준을 구체적으로 설정하고

이를 성과목표로 객관화할 수 있는 실행력이 첫 번째 모습이다.

그리고 성과목표 달성에 인과적인 전략을

고정변수와 변동변수로 구분하여 선택하고 집중할 수 있으며,

액션플랜을 순서적으로 수립하고

예상 리스크요인에 대한 대응방안도 수립할 수 있어야 한다.

이렇게 기획, 계획 단계를 거쳐 실행 단계에 들어가게 되면

캐스케이딩과 롤링플랜과 협업을

주기적으로 실행할 수 있어야 한다.

| 역량을 체질화하기 위한 방법 |

일을 할 때 성과창출 프로세스대로
제대로 실천하는 행동을 반복하게 되면
그 사람의 역량이 체질화된다.

기간별로 일하기 전에 핵심과제를 선택하는 습관,

일을 통해 기대하는 결과물을 목표화하는 습관,

목표를 정하고 나서 현상을 분석하는 습관,

목표를 기간별, 직책별로 캐스케이딩하는 습관,

공략해야 할 대상을 고정변수와 변동변수로 타깃화하는 습관,

액션플랜을 방법 중심으로 전개하는 습관,

목표와 성과 사이를 리뷰하는 습관,

기여하고자 하는 가치를 미션화하는 습관,

미션을 추구하기 위해 주특기를 비전화하는 습관.

이러한 습관이 바로
지속적인 성과를 창출하는 사람들이 가진 가장 훌륭한 역량이다.

역량의 향상은

계단식으로 일어나지 않고 수직적인 퀀텀 점프의 형태로 나타난다.

무슨 일이든지 임계점에 도달해야 변화가 일어나는 것이다.

운동을 하다 보면, 일정 수준의 운동량이 채워지기까지는

신체에 아무런 변화가 없는 것과 같은 이치다.

성과를 창출할 수 있는 역량이 제대로 체질화될 때까지는

절대 예외를 인정하면 안 된다.

절대로 쉽게 달성하겠다는 생각을 하지 않는 것이 바람직하다.

우리를 앞으로 나아가지 못하게 만드는 것들은

과거의 타성에 젖어 일하는 습관들이다.

즉 업무 중심, 일정 중심, 상사 중심, 지시 통제 중심,

형식적 관리 중심, 투입 중심으로 일하는 방식들이다.

이제 성과를 창출할 수 있는 역량을 키울 수 있는

전략적인 행동 습관들로 갈아타야 한다.

즉 성과목표 중심, 인과적인 전략 중심, 코칭 중심, 권한위임 중심,

역할과 책임 중심, 자기주도적이고 자기완결적으로

일하는 방식들이다.

성과를 창출하는 역량이 습관화되면

다른 사람들이 일하는 것과 차별화되어

지속적인 성과창출이 가능하게 된다.

이러한 핵심역량이 장착된 사람은 쉽게 따라잡힐 수도 없고,

조직의 핵심인재로 자리잡게 된다.

PART 3

관계 편

일은 실무자와 상위리더,
동료들과 원칙을 나누는 것

Chapter 8
권한위임

"다른 사람의 말을 신중하게 듣는 습관을 길러라.
그리고 가능한 한 말하는 사람의 의도에 자신의 마음을 일치시켜라.
그 속에 문제의 답이 들어 있을 것이다."
- 마르쿠스 아우렐리우스 -

"권한위임이란 리더와 실무자 간의 역할과 책임의 분담이다.
임파워먼트는 역할위임이며 능력이 기준이다.
델리게이션은 책임위임이며 역량이 기준이다.
델리게이션은 목표에 대한 사전 합의와 전략에 대한 코칭이 전제조건이다."
- LD. Ryu -

8 · 1
What
권한위임이란 무엇인가?

| 질문으로 감잡기 |

우리는 권한위임과 관련해서
주로 다음과 같은 질문들을 듣거나 해 봤을 것이다.

권한위임이 되어 있나?

권한위임을 했나? 권한위임을 하지 않았나?

권한위임이 필요한가? 권한위임이 필요하지 않은가?

권한위임은 권한과 위임의 두 단어가 결합된 것이다.

권한은 '어떤 사람이나 기관의 권리나 권력이 미치는 범위'이며,

위임은 '어떤 일을 책임 지워 맡김, 또는 그 책임'을 말한다.

영어로는 '주다'라는 의미를 가진 'em'과

권력이란 의미의 'power'가 결합된 용어인,

'임파워먼트(empowerment)'라는 용어를 주로 사용한다.

| 직장에서 권한위임의 개념 |

권한위임이란

자신의 역할과 책임에 대한 실행을

다른 사람에게 위탁하는 것을 말한다.

임파워먼트는

역할을 위임하는 것이다.

자신이 해야 할 역할 수행에 대한 실행 권한을

다른 사람에게 위임하는 것을 말한다.

리더가 실무자에게 역할을 위임하고 싶다면

위임할 역할의 넓이와 깊이에 대해

사전에 구체적으로 공감하고

역할 수행 프로세스와 방법을 코칭해야 한다.

위임할 역할의 범위가 애매모호하면

역할 수행에 간섭이 작용하게 된다.

델리게이션은

책임을 위임하는 것이다.

책임져야 할 결과물을 달성하기 위한

실행 방법에 대한 선택의 위임을 말한다.

리더가 실무자에게 책임을 위임하고 싶다면

위임할 책임의 기준과 실행 전략에 대해

사전에 구체적으로 공감하고,

전략 수행 방법을 코칭해야 한다.

위임할 책임의 목표가 애매모호하면

실행 방법에 간섭이 작용하게 된다.

그러므로 권한위임의 올바른 순서는

임파워먼트를 한 후에 델리게이션을 하는 것이다.

대부분의 조직이나 리더들은 역할에 대한 권한위임에는 익숙하다.

역할 수행을 어떻게 할 것인지를

업무 진행 절차와 일정 중심으로 따져 보고

실행을 맡기는 형식이다.

그러나 책임에 대한 권한위임은 명확하지 않아서

결과물을 만들어 내는 방법에 대한 의사결정권은

대부분 상위리더가 쥐고

주간 업무회의나 품의, 결재 과정을 통해 결정한다.

조직이 진정한 권한위임을 이루려면

구성원에게 역할뿐만 아니라 책임까지도 권한위임하는

델리게이션 단계로 나아가야 한다.

권한위임의 핵심요소는

위임할 사람의 역할위임 내용인 과제와 책임위임 내용인 목표,

위임받을 사람의 역할인 과제 수행의 결과물인 성과목표조감도,

책임져야 할 성과목표조감도를 달성하기 위한 달성 전략,

위임할 사람의 코칭,

위임받을 사람의 공감대 형성과 수용이다.

그리고 위임받은 일의 성과에 대한 평가와 피드백이다.

"권한위임을 잘하려면

믿어야 할 것과 맡겨야 할 것을 잘 구분하고

코칭을 제대로 해야 한다."

델리게이션이란

책임을 지기 위한 달성 전략을 믿고 실행 행위를 맡기는 것으로,

실무자에게 달성 전략과 실행 방법을

선택할 수 있는 의사결정 권한과

실행 행위의 자율성을 보장하는 것을 의미한다.

물론 수립한 전략과 방법에 대해서는 반드시 기준 검증 과정을 통해

해답을 깨달을 수 있는 코칭이 전제되어야 한다.

델리게이션의 목적이자 본질은

실행 방법을 선택하는 과정에서 창의성과 혁신성을 극대화하고

실무자들의 역량을 키우는 것이다.

실무자를 믿고 역할과 책임을 분담했다는 것은

곧 실무자 개인에게 역량과 에너지를 제공하는 것이므로

자기효능감을 바탕으로 일을 실행하도록 한다는 의미도 있다.

즉, 자발적인 동기를 부여해

혁신 행동에 적극적으로 참여시킴으로써

각자의 역할과 책임을 충실히 이행할 수 있는

여건을 만들어 주는 것이다.

8 · 2
Why
왜 권한위임을 실행해야 하는가?

| 사람들의 답변 |

지금까지 권한위임이 무엇인지를 알아보았다.

그럼 왜 조직에서 권한위임이 필요할까?

• 급변하는 시대 변화의 자연스런 수순이다 •

급격하게 변하는 환경에서 기업들이 살아남기 위해서는

신속성과 유연성 확보가 중요하다.

이를 위한 내부 변화 중 하나로

기업의 모든 경영활동을 소비자 중심으로 구성하고 있는 것을

예로 들 수 있다.

소비자들을 소비활동의 주축인 동시에
공급자의 생산활동에 대한 의견 반영자로 인식하여
고객의 가치창출에 중점을 두고 있다.
그러다 보니 고객과 접점에 있는 현장 직원들의
신속하면서도 능동적인 대응이 점점 더 강조되고 있다.

현장 직원들에게 제대로 된 권한위임이 이루어지지 않는다면
소비자의 다양하고도 즉각적인 요구에 매번
"잠시만요. 그건 제 권한이 아니라서 파트장님께 또는 팀장님께
확인해 보고 다시 연락드리겠습니다."라는 말을 해야 할 것이다.
이 얼마나 소비자, 실무자, 리더 모두에게 비효율적인 상황인가?
또한 예전엔 상상도 못 했던 방식으로 일하는 시대가
이미 우리 앞에 성큼 다가왔다.
주 40시간 근무는 물론, 코로나19로 인한 재택근무, 원격근무,
랜선관리, 근무 장소의 수시 이동 등이
더욱더 빠르게 조직에 적용되고 있다.
이렇게 되면,
리더가 일일이 구성원의 업무를 직접 확인하고 관리하는 것은
현실적으로 점점 더 불가능해진다.

• 구성원들이 능동적으로 일하고 혁신이 자연스럽게 일어나기 때문이다 •

실무자가 일에 대한 자기주도성을 갖기 위해서는

리더나 일을 요청한 사람으로부터

권한을 위임받는 것이 매우 중요하다.

단, 우리가 명심해야 할 것은

이때의 권한위임이란 델리게이션 형태라는 것이다.

과제나 프로젝트 단위이든 월간이나 주간 등 기간별 단위이든,

어떤 형태의 일이든지,

일을 하기 전에 기대하는 결과물의 기준을 사전에 합의하고

실행하는 방법에 대한 코칭이 일어나고 난 다음,

실행 행위에 대한 권한위임이 진행되어야 한다는 것이다.

역할과 책임을 권한위임받는 실무자는

일에 대한 주인의식이 생기고 열정적이고 헌신적으로 몰입하게 된다.

일에 대한 주인의식이야말로

자율책임경영에 가장 핵심적인 기반이다.

리더와 실무자가 정해진 원칙과 목표에 따라

위임할 역할과 책임의 기준을 코칭 프로세스를 통해 상호 합의하고

룰(Rule)을 명확하게 하는 것이 필요하다.

그리고 현장의 구성원들이 자율적으로 수행하고 창의력을 발휘하여,

생산성을 극대화할 수 있는 시스템과 환경을 조성하는 것도 필요하다.

구성원을 믿고 역할과 책임의 기준을 정하고 위임했다는 것은

곧 구성원 개개인에게 동기부여하고 에너지를 불어넣는 것이고,

자기효능감을 바탕으로 일을 실행하도록 한다는 의미도 있다.

자발적인 동기를 촉진해 혁신 행동에 적극적으로 참여시킴으로써

각자의 역할과 책임을 충실히 이행할 수 있는

여건을 만들어 주는 것이다.

• 권한위임은 직무 만족에 긍정적인 영향을 미치기 때문이다 •

권한을 위임받은 조직 구성원은

자신의 조직 행동에 대한 의사결정권을 갖고

직무를 수행하기 때문에 직무만족도가 높아진다.

리더는 모든 일을 도맡아 할 수 없는 것이

엄연한 현실이고 객관적 사실이다.

자신이 책임지고 있는 조직의 일을

물리적으로 혼자 실행할 수가 없기 때문에

구성원들에게 역할과 책임을 분담할 수밖에 없다.

모든 단위 업무의 실행을 실시간 통제하는 것도 불가능하므로

권한위임과 방임 중에 선택해야 한다.

리더들은 명심해야 한다,

구성원 각자의 역할에 대한 책임을 명확하게 부여하고

달성 전략에 대해 코칭하고 권한위임하는 것이

리더와 구성원 모두

직무만족도를 높이는 가장 본질적인 방법이라는 것을.

8 · 3

How
어떻게 권한위임을 해야 하는가?

이제 권한위임이 무엇인지,

왜 조직에서 권한위임이 필요한지 알았다.

권한위임은

리더와 실무자가 역할과 책임과 전략 기준에 대해 사전 합의하고,

실행에 대한 자율성을 부여하는 것이다.

궁극적으로는 리더와 실무자의 직무만족도를 높이는

가장 본질적인 활동이다.

그렇다면 권한위임을 어떻게 하는 것이 제대로 하는 것일까?

| 권한위임을 제대로 하기 위한 절차 |

권한위임을 시행한다고 해서 반드시 개인이나 조직에
긍정적인 영향만 끼치는 것은 아니다.
제대로 된 준비 없이 진행되는 권한위임은
오히려 리더와 실무자에게 상처만 남기고
조직에 부정적인 영향을 주기도 한다.
권한위임을 '알아서 하는 것' 혹은 '마음대로 하는 것'이라고
오해하면 안 된다.
권한위임을 해야겠다고 결정이 내려지면
사전에 반드시 확인해야 할 것이 있다.
우선 실무자의 능력과 역량 수준을 확인해야 한다.

역할을 위임하고 싶다면
위임할 대상자의 능력을 사전에 검증하고,
위임할 역할의 넓이와 깊이에 대해 사전에 구체적으로 공감하고
역할 수행 방법에 대해 코칭해야 한다.
책임을 위임하고 싶다면
위임할 대상자의 역량을 사전에 검증하고,
위임할 책임의 기준과 달성 전략과 방법에 대해 코칭해야 한다.

그다음으로

실무자가 권한위임을 받고 성장할 의지가 있는지를 파악해서

단계적으로 이루어져야 한다.

위임받을 실무자의 역량 수준이 낮다면

목표와 전략에 대한

리더의 적절한 개입과 코칭,

성과 평가와 피드백 등이 동반되어야

조직과 개인 모두에게 긍정적인 영향을 가져올 수 있다.

이렇게 사전 준비가 끝났다면

다음과 같은 절차로 권한위임이 이루어져야 한다.

❶ 기간별로 위임할 역할을 과제의 형태로 구체적으로 위임한다

능력과 역량이 뛰어난 구성원들에게는

권한위임해야 할 역할을

난이도와 중요도가 높은 과제로,

그리고 권한위임해야 할 책임의 기간을

상대적으로 길게 가져가는 것이 바람직할 것이다.

그래야 자기주도성과 성취감이 높아진다.

그러나 아무리 길어도 환경 변화 때문에 한 달 이상은 어렵다.

❷ 과제를 수행하고 나서 책임져야 할 목표나 결과물을

현장과 현상의 데이터를 기준으로 수립하게 하고

코칭한 후에 사전에 합의한다

과제를 수행하고 난 후에 어떤 성과물을 기대하는지

실행을 맡은 실무자가 먼저 예상하는 기대결과물을,

과제의 현장 상황을 데이터 중심으로 파악하고 나서

성과목표조감도의 형태로 구체화해서 작성한다.

이때 실무자에게 시간 자원, 지원인력 자원, 자료조사와

프로젝트 수행 예산 등의 금전적 예산은 물론,

업무 수행의 추진 배경과

목표의 상태 및 조건을 이해할 수 있는

데이터 자료 등의 정보 자원 등,

실무자가 업무를 현실적으로 실행하여 달성할 수 있는

대략적인 목표의 범위를 결정하게 도와주는

핵심 전제조건을 반드시 제시하여야 한다.

리더는 실무자가 작성한 성과목표조감도나

기대하는 결과물의 객관적인 데이터 근거를

질문과 경청을 통해 코칭하고 기준에 대해 합의한다.

리더는 실무 경험은 있겠지만

성과가 창출되는 현장의 현재 상황에 대한 데이터는

실무자가 가지고 있기 때문에

실무자가 먼저 기대하는 결과물에 대한

초안을 제시하는 것이 좋다.

영업과 같이 상위조직의 재무적인 수치목표가 명확할 때는

리더가 먼저 수치 중심의 지향적인 목표를 제시하고

실무자가 성과목표조감도를 작성하게 하는 것이 좋다.

❸ 성과목표조감도에 대해 사전에 합의했다면

성과목표를 달성하기 위한 인과적인 달성 전략과 실행 계획을

실무자로 하여금 작성하게 하고 코칭한다

성과목표조감도에 대해 합의했다면

구체적인 달성 전략을 세우는 것 또한 직접 실행할 실무자의 몫이다.

성과목표 달성 전략의 핵심은

성과목표조감도 중에서 고정변수와 변동변수의 구분이다.

고정변수와 변동변수를 구분하고

주로 변동변수를 공략하기 위한 공략 방법에 대해

리더의 코칭을 받는 것이 매우 중요하다.

고정변수와 변동변수에 대한 공략 방법이 수립되면

실행 계획까지 수립하게 하여

리더는 기준 중심으로 질문을 통하여

실무자가 제대로 된 방법을 깨달을 수 있도록 자극해야 한다.

실무자는 자신이 구분한 고정변수와 변동변수의 구분 기준에 대해

리더에게 객관적인 기준을 가지고 설명하고

리더는 방법에 대한 개입보다 기준에 부합하는 내용인지를

검증해 주는 것이 중요하다.

❹ 성과목표 달성 전략과 실행 계획에

부정적인 영향을 미칠 수 있는 예상 리스크요인을 도출하고

대응방안을 수립하게 하고 코칭한다

아무리 성과목표조감도와 달성 전략과 실행 계획을

제대로 수립했다고 하더라도

막상 실행에 들어가면

생각지도 못했던 돌발변수가 생겨

계획 따로 실행 따로 되는 것이 일반적인 현상이다.

그래서 제대로 된 권한위임을 하기 위해서는

전략과 계획 실행에 통제 불가능한 요인으로 작용할 수 있는

외부환경 리스크요인과 내부역량 리스크요인을 사전에 도출하여

부정적인 영향을 미치지 못하도록 사전 조치를 해야 한다.

여의치 않다면 플랜B를 세워야 할 수도 있다.

예상 리스크요인과 대응방안에 대해 코칭하고

실무자로 하여금 대응 해법을 생각하게 해야

권한위임이 실질적으로 이루어질 수 있다.

❺ 실행 행위를 위임하되

과정결과물에 대해 정기적으로 모니터링하는 것이 필요하다

성과목표에 대해 사전에 합의하고

성과목표조감도와 달성 전략과 실행 계획

그리고 예상 리스크요인에 대한 코칭을 했다면,

권한위임을 위한 사전 작업은 가히 완벽하다 할 수 있겠다.

하지만 권한위임은 권한위임 자체가 목적이 아니라

더 나은 성과창출을 위한 방법으로서의 권한위임을 생각해야 한다.

사전에 합의한 목표와 기준이

권한위임을 통해 제대로 실행되기 위해서는

실행 과정에 대한 코칭에 기반한

기간별 커뮤니케이션 시스템이 필요하다.

즉 전체 성과목표를 달성하기 위한

분기나 월간, 주간 단위로 과정성과목표를

수치화하거나 객관화해서 설정하고

코칭을 받고 실행하고 난 후에도

개선에 대한 코칭이 이루어지면 좋다.

❻ 위임한 역할과 책임 활동이 끝나면 성과를 평가하고 피드백한다

권한위임한 역할과 책임에 대한 실행 행위가 끝나게 되면

권한위임받은 실무자로 하여금

사전에 합의한 성과목표와 실행 과정에 대해

1차 자기 평가를 성과평가와 과정 평가로 나누어 먼저 하게 하고

이후에 리더가 코칭하고 피드백하는 것이 필요하다.

통상 리더에게는

성과창출을 위한 역할과 책임 부여, 성과코칭, 권한위임,

성과 평가, 피드백 등의 매니지먼트 과정과

선행과제 실행, 리스크 헷징, 조직 혁신, 구성원 육성을

직접 실행했는지 성과 평가하고 피드백해야 한다.

실무자에게는

성과창출을 위한 성과목표조감도 설정, 인과적인 전략 수립,

예상 리스크 대응방안 수립, 기간별 목표의 캐스케이딩,

과정성과 평가와 피드백, 능력개발과 역량 훈련 등,

전략적 실행 과정을 제대로 이행했는지

평가하고 피드백해야 한다.

| 효과적인 권한위임 방법 |

효과적인 권한위임은

구성원이 실제로 자기 재량껏 자기주도적으로 일할 수 있다는

확신을 가질 때 가능해진다.

역할위임과 책임위임을 통해

실행하는 사람이 좀 더 주체적으로 책임감을 갖고

일을 추진할 수 있도록 해야

기대하는 성과가 창출되는 것은 물론이고

실행하는 사람도 열정적으로 몰입할 수 있다.

일을 하기 전에 성과목표와 달성 전략에 대해 코칭하고,

일이 끝나고 난 후에 성과를 평가하고 피드백하는 과정을 통해

권한위임이 거듭될수록

스스로 더욱 잘할 수 있다는 확신을 갖게 만들 수 있다.

권한위임을 한다고 해서

실행하는 사람이 본인 하고 싶은 대로,

자기 마음대로 한다는 의미는 결코 아니다.

많은 사람이 권한위임을 '알아서 하는 것'과 동의어로 생각한다.

우리가 보통 말하는 '알아서 한다든지',

'그 사람에게 모든 것을 다 맡겼다'는 것은

역할에 대해서는 위임했을지 모르지만,

책임에 대해서는 방임하고 있는 것이다.

권한위임을 했다고 해서

일이 끝날 때까지 마냥 기다리지 말고

주간이나 월간 단위로 과정 평가를 하고 피드백하는 것은 물론,

최종결과에 대해 성과를 평가하고 피드백하는 것은 당연한 것이다.

Chapter 9

성과코칭

"나는 아무도 가르친 적이 없다.
오직 그들이 생각하도록 만들었을 뿐이다."
- 소크라테스 -

"성과코칭이란, 상대방이나 자신으로 하여금 정해진 기간 내에
기대하는 성과를 창출할 수 있도록 성과창출 프로세스의
단계별 기준과 방법에 대해 실행하는 사람이 생각하는 내용을 검증하고
실행하는 사람이 스스로 해법을 찾을 수 있도록
자극하고 깨닫게 하는 방법론이다."
- I.D. Ryu -

9 · 1
What
성과코칭이란 무엇인가?

| 질문으로 감잡기 |

우리는 성과코칭과 관련해서
주로 다음과 같은 질문들을 듣거나 해 봤을 것이다.

성과코칭을 하나? 성과코칭을 받나?

성과코칭이 효과가 있나? 성과코칭이 효과가 없나?

성과코칭이 필요한가? 성과코칭이 필요하지 않은가?

권한위임과 마찬가지로 성과코칭(Performance Coaching)도

성과(Performance)와 코칭(Coaching)의 두 단어가 결합된 것이다.

성과는,

'고객이 원하는 결과물인 목표를 달성한 상태'이며,

코칭은,

'코칭대상자 스스로가

자신의 역할과 책임을 완수하기 위한 해법을

스스로 깨닫고 실천할 수 있도록

생각, 질문과 인정, 격려 등으로

지속적으로 자극하고 이끌어 주는 것'이다.

성과코칭은 능동적이고 자발적인 행동을 유도하고,

업무지시는 수동적이고 의무적인 행동을 유발한다.

성과코칭은 현재를 직시하고 미래를 지향하는 것이지만,

업무지시는 과거의 상황과 경험과 해법을 주입한다.

성과코칭은 실행하는 사람으로 하여금

현장과 현상을 객관화하게 하고

역할과 책임의 범위와 수준을 정하고

목표와 전략을 실행하는 원리를

스스로 깨닫도록 자극하는 것이다.

업무지시는 능력이 뛰어난 사람이 상대방에게

자신의 경험, 지식, 스킬을

일방적으로 가르쳐주고 실행하게 하는 기법이기 때문에

스스로 사고하게 하는 데 한계가 있다.

성과코칭은 스스로 생각할 수 있는 힘을 길러주기 때문에

실행력은 저절로 따라온다.

업무지시는 일회적이고 단편적이지만,

성과코칭은 지속적이고 종합적이다.

| 성과코칭과 업무 개입은 구분되어야 한다 |

성과코칭이 제대로 이루어지게 하려면

티칭과 훈련이 선행되어야 한다.

코칭대상자가 역할 수행을 위한 지식이나 스킬이 부족하거나

성과창출 프로세스에 대한 개념과 방법을 제대로 모를 때,

명확하게 학습하게 하고 훈련시켜 주는 티칭과 훈련은

반드시 사전에 필요하다고 할 수 있다.

하지만

개념에 대한 기준과 기준에 대한 내용은 구분하여야 한다.

코칭을 한다면서 목표의 내용이나 수준에 대해 개입한다든지,

전략과 실행 계획에 대해 코칭한다면서

코칭하는 사람의 과거 성공 경험이나 타사의 베스트 프랙티스를

벤치마킹이라는 미명하에 실행하게 한다든지,

코칭하는 사람의 생각을 일방적으로 강요한다든지 하는

'업무 개입' 혹은 '업무지시'는

성과코칭과 엄밀하게 구분해야 한다.

성과코칭은, 성과를 창출하기 위한 목표나 전략과 같은 기준에 대한
대상자의 생각을 검증해 주는
QA(Quality Assurance), 즉 품질 보증 활동이라고 할 수 있다.

성과코칭은, 권한위임한 코칭대상자가
책임져야 할 성과를 창출할 수 있도록
스스로 생각하게 하고, 마음먹게 하고, 말하게 하고,
해법을 찾게 하는 지속적 활동이다.

성과코칭은, 대상자가 자신의 역할과 책임을 다하도록
기간별로 해야 할 역할을 깨닫고
역할 수행을 통해 책임져야 할 결과물이 무엇인지 인식하고
결과물을 창출하는 데 가장 인과적인 전략과 방법을
스스로 깨닫고 실천할 수 있도록 자극하는 스킬이다.

성과코칭은, 리더가 성과를 창출하기 위한 프로세스와 실행 방법을
실행하는 구성원으로 하여금 스스로 깨닫게 하는 기술이다.

성과코칭은, 구성원들의 성과를 향상하고 역량을 확보하고
주인의식을 갖게 하여 성장하도록 하는 훈련이다.

| 직장에서 성과코칭의 개념 |

일반적으로 행해지는 코칭은,

일상생활이나 개인 자질에 관해 강점을 이끌어 내거나

스스로 의욕을 가질 수 있도록 자극해 주는

관계지향적인 관점에서 행하는

사람 중심의 라이프 코칭이라고 말할 수 있겠다.

반면에 성과코칭은 코칭의 대상이 '성과'이다.

그래서 성과코칭을 '비즈니스 코칭'이라고도 한다.

조직에서의 성과코칭은

조직이나 개인의 성과를 창출하기 위해

리더가 구성원들에게 자신의 비전과 목표를 제시하고

자신의 성과목표를 주도적으로 실행할 수 있도록 동기를 부여하며,

특히 워크숍이나 면담 등을 통해

성과를 창출하기 위한 핵심 프로세스인

플랜, 두, 씨 앤 피드백 프로세스를 스스로 실행할 수 있도록

기준과 원리를 제시하고 방법을 깨닫게 하여,

검증하는 과정을 거쳐 스스로 해법을 찾아갈 수 있도록

자극해 주는 스킬이다.

일부에서는,

구성원들의 애로사항을 들어 주고 격려의 말을 해 주거나

차 한 잔 하며 인생 상담을 하는 것을

성과를 올리기 위한 코칭이라고 생각하는데

이는 성과코칭이 아닌 면담이나 카운슬링, 멘토링에 가깝다.

현재 기업에서 이루어지고 있는 코칭은

순수하게 코칭의 관점에서 접근하여

질문과 경청 기법을 통해 상대방으로 하여금

스스로 해법을 깨닫게 하는 코칭 방법을 쓰기도 하지만,

코칭의 원리에 바탕을 두면서도

해당 업무에 대한 경험과 지식이 많은 경륜 있는 사람이

자신의 경험과 지식을 전수하거나 훈수해 주는

티칭과 경험 전수의 관점을 겸하고 있는 형태가 많다.

이와 비슷한 사례로

OJT(On the Job Training)를 들 수 있는데,

OJT는 회사나 사업부, 팀 내에서 이루어지는 교육이나 훈련으로

상위리더나 해당 업무에 대해 잘 알고 있는 선배 사원이

업무에 대한 지식, 기능, 태도를 포함해

조직의 구성원으로서 갖추어야 할 자격요건을 교육하여

조직문화를 확립함과 동시에

구성원들이 능력개발에 대한 성취감을 갖고

체계적으로 업무를 수행하는 능력을 배양하도록 돕는 것이다.

진정한 성과코칭은

일을 기획하고(Preview), 실행하고(Causal Execution),

마무리하는(Review) 프로세스 관점에서 접근해야 한다.

일을 시작하기 전에

성과목표를 설정하고 전략을 수립하는 과정을 피드포워드 코칭한다.

일을 실행하는 과정에서는

주간 및 월간 단위로 캐스케이딩하고

협업에 대한 코칭과 과정성과에 대한 평가와 피드백 코칭을 하며,

일이 끝나고 나면

최종성과 평가와 피드백에 대한 코칭이 이루어진다.

성과코칭은 코칭 대상에 따라

팀 코칭과 개인 코칭으로 나눌 수도 있다.

팀 코칭은

팀의 성과창출과 직접 관련된 부분을

구성원과 함께 워크숍을 통해 코칭하는 것으로,

주로 연간·월간·주간 단위로 실행한다.

개인 코칭은

성과관리 프로세스 단계별로

일을 하기 전에

성과목표와 달성 전략을 개인별로 수립하게 한 후 코칭하고,

일의 실행 과정에서 월간·주간·일일 단위로

성과목표를 캐스케이딩하고 협업하는 내용에 대해 코칭하고,

일이 끝나고 나면

스스로 자기 성과 평가와 피드백 내용에 대해 코칭하고,

동기부여를 통해 지속가능한 성과창출이

반복되도록 하는 것이 주목적이다.

| 성과코칭의 전제조건 |

❶ 성과코칭은 학습과 훈련이 선행되어야 한다

학습이란, 역할 수행에 대한 내용과

실행 방법에 대한 지식, 스킬을 터득하는 것이다.

학습 단계에서

성과창출 프로세스에 대한 개념을 훈련하는 것이 매우 중요하다.

훈련이란, 학습한 내용을 실제 업무에 적용하는 데 있어

반복 행동을 하게 하여 제대로 체질화하는 것을 말한다.

학습과 훈련의 단계가 제대로 이행되고 나면

코칭의 단계에 들어서게 된다.

학습과 훈련의 단계를 거치지 않고 바로 코칭 단계로 갈 수는 없다.

코칭 단계는 깨달음의 단계이기 때문에

스스로 이해하고 실행해 보지 않은 상태에서는

결코 무엇을 어떻게 개선해야 할지 알 수 없다.

특히, 일을 해서 성과를 내는 방법은

개념과 프로세스, 방법론이 중요하기 때문에

학습. 훈련. 코칭의 단계를 진지하게 이행하는 것이 매우 중요하다.

❷ 성과코칭은 상대방(Coachee)의 생각이 전제되어야 한다

성과코칭의 주인공은, 코치(Coach)인 상위리더가 아니라
코칭대상자(Coachee)인 구성원, 실무자이다.

성과코칭은,

상대방이 성과지향적인 전략적 행동을 잘할 수 있도록 자극하고,

스스로 해법을 깨달을 수 있도록 지원하고 도와주는 것이다.

성과코칭은 '역할과 책임' 코칭이라고 할 수 있다.

코칭대상자가 역할 수행을 잘해서

책임져야 할 성과를 잘 창출할 수 있게

전략적이고 인과적인 생각을 하여

해법을 찾도록 자극을 주는 기법이다.

성과코칭을 제대로 하기 위해서는

대상자의 생각이 전제되어야 하는데,

대상자의 생각을 유도하기 위해서는

리더가 성과창출 프로세스 단계별로

기준에 대한 질문을 잘해야 한다.

실무자는 현장과 현상에 대한 데이터 중심으로 대답해야 한다.

실무자는 글로 대답함으로써

스스로 경청하는 효과를 가질 수 있다.

리더는 이 대답을 경청해야만

진행 과정을 분석적으로 파악하고 관찰할 수 있다.

성과코칭은 지식과 경험을 가르치는 것이 아니라

역할과 책임, 책임을 지기 위한 방법을 잘 자극하여

스스로 성과를 창출하도록 실천하게 하는

지극히 인간 중심적인 소통과 성찰의 기법이다.

❸ 성과코칭은 대상자에 대한 인정과 존중이 전제되어야 한다

누구나 그 사람 자체로,

인간으로서 인정받고 존중받을 권리가 있다.

만약 마땅히 이행해야 할

자신의 역할과 책임을 제대로 하지 못했다면,

왜 그랬는지 원인을 분석해 보고 이유를 따져 보고 개선할 일이지

결코 감정적으로 대할 일은 아니다.

조직의 모든 말과 행동은

결국 일을 제대로 해서 성과를 창출하고자 하는 것이 목적이다.

직위와 직책을 떠나서 조직 내부에서 일어나는 모든 말과 행동은

성과창출에 자연스럽게 직결되어야 하고 성과지향적이어야 한다.

특히, 리더라면 개인적인 스타일을 바꿔서라도

성과창출에 결정적인 역할을 하는 구성원을

동기부여시키는 말과 행동을 하는,

코치로서의 역할 행동을 구체적으로 실행할 수 있도록

과감하게 변모해야 한다.

❹ 성과코칭은 권한위임이 전제되어야 가능하다

성과코칭은, 대상자의 성과창출 방법을 돕기 위한

지원적이고 지지적인 활동이다.

당연히 권한위임이 전제될 수밖에 없다.

그리고 성과에 대한 책임을 묻기 위해서는

성과목표에 대한 사전 합의와 성과목표 달성을 위한 전략과

실행 계획의 선택과 실행에 대한 의사결정 권한을

실행하는 사람에게 주어야 한다.

권한위임이 전제되지 않는다면

업무지시나 업무 개입이 될 수밖에 없다.

업무지시는,

리더가 실무자에게 역할과 책임에 대한 기준은 말할 것도 없고,

상태적 목표의 결정, 전략과 실행 계획에 대한 내용 결정 과정에

리더가 개입하고,

실무자는 결정된 내용에 따라 시키는 대로

실행만 기계적으로 수행해 주는 것을 말한다.

이런 경우 업무의 세부 실행 방법과 절차를 업무지시자가 결정하고,

실행을 대신할 실무자에게 일을 담당시키고,

일이 진행되는 단계마다 지시자의 생각대로

일일이 지시하고 통제하기 때문에

일의 결과에 대해서도 업무지시자가 책임져야 한다.

"성과관리 방식의 기본적인 철학은

책임져야 할 성과 기준에 대해 사전에 합의하고

인과적인 달성 전략과 실행 계획에 대해 코칭한 다음

실행 행위에 대해 자율성을 부여하여

실무자가 성과에 대한 오너십을 바탕으로

성과창출에 몰입하게 하는

자율책임경영 방식이다."

9·2

Why
왜 성과코칭을 해야 하는가?

| 사람들의 답변 |

지금까지 성과코칭이 무엇인지를 알아보았다.

그럼 왜 성과코칭을 해야 하는지에 대한 답을 할 수 있는가?

• 한정된 자원인 업무시간을 성과창출하는 데 효율적으로 배분하기 위해 •

주 40시간 시대 조직은

한정된 인력으로 단기성과도 창출해야 하고,

과거의 성과를 분석하여 지속적으로 혁신도 해야 한다.

미래 성과를 창출하기 위해

선행적으로 실행해야 할 과제를 도출하고

선행 성과를 축적해 나가야 한다.

외부환경과 내부역량과 관련된 리스크요인들을
끊임없이 미리미리 예측하여 도출하고
대응방안을 수립하고 실천해 나가야 한다.
그러므로 단기성과를 창출해 내는 일들은
실무자가 스스로 할 수 있도록 코칭해야 한다.
실무자로 하여금 조직에 기여해야 할 역할과 책임 중,
무엇이 충족되고 무엇이 부족한지
객관적으로 알려 주고 깨닫도록 해야 한다.
자기완결적으로 역할과 책임을 완수하도록
코칭을 통해 부족한 능력과 역량을 키워 나가도록 해야 한다.

그리고 리더들은, 상대적으로 더 난이도가 높고
미래지향적이고 중요한 과제를 실행하는 데
시간과 역량을 쏟아부어야 한다.
일상적인 업무 활동을 실무자들에게 제대로 권한위임하지 않으면
리더들의 한정된 시간과 역량을
실무자들의 역할과 책임을 대신하는 데 배분할 가능성이 크다.
그리하면 역할과 책임의 차별성이 없어지고
한정된 자원을 효율적으로 배분할 수 없게 된다.

• 생각하는 힘을 길러 자기완결적인 실행력을 높이기 위해 •

성과코칭은, 상대방이 역할과 책임을 올바르게 실행할 수 있도록

스스로 생각하고 해법을 의사결정하도록 도와주는 스킬이다.

성과코칭은, 실무자에게 성과를 창출하기 위한 프로세스에 대한

단계별 질문들을 명확하게 구분해 주고,

그 질문을 통해 스스로 자신이 해야 할 역할과

책임져야 하는 결과물과 달성 전략과 실행 계획을

스스로 생각하고 검증할 수 있도록 도와주어

기대하는 성과를 정해진 시간 내에 반드시 창출하게 한다.

또한 일이 끝나고 나서도

성과 평가와 피드백을 통해

개선과제와 만회대책을 찾도록 도와주는 일련의 의도적 활동이다.

성과코칭은 스스로 생각할 수 있는 힘을 길러주기 때문에

실행력이 저절로 따라온다.

지식을 교육하고 스킬을 훈련한다고

실무에 곧바로 적용되지는 않는다.

반복적인 훈련과 코칭 프로세스를 통해

스스로 실행 방법을 진심으로 깨닫고 적용할 수 있을 때

실행력이 향상되는 것이다.

9·3

How
어떻게 성과코칭을 해야 하는가?

이제 성과코칭이 무엇인지, 왜 성과코칭이 필요한지 알았다.

성과코칭은, 성과를 창출할 수 있도록

성과창출 프로세스에 대한 기준과 방법을 자극하고 깨닫게 하여

스스로 해법을 찾도록 하는 것이다.

그럼 성과코칭은 어떻게 해야 하는가?

| 성과코칭을 잘하는 리더가 되려면 |

리더가 성과코칭을 잘하기 위해서는
업무 수행의 주체가 자신이 아닌 실무자라는 인식이
가장 먼저 전제되어야 한다.
고객 접점에 있는 실무자인 팀원이
고객은 물론 경쟁자와 시장에 대한 현장 정보를
상위리더보다 잘 알고 있기 때문에,
달성해야 할 성과목표는 상위리더가 제시할 수 있어도
성과목표 달성을 위한 전략과 실행 방법에 관해서는
실무자에게 선택에 대한 권한을 위임하며
코칭이 이루어져야 한다.

성과코칭은 성과창출에 대한 경험과 지식이 있는 사람이
부족한 사람을 가르치는 것이 아니기 때문에
실행 방법을 지시하거나 해답을 제시하려는
상사 마인드나 티칭 마인드, 업무지시 마인드로 접근하면 안 된다.

명확하게 성과코칭하기 위해서는

해당 업무를 담당하고 있는

실무자의 능력과 역량을 객관적으로 파악한 후,

역할과 책임에 대한 범위와 기준을

구체적으로 명확하게 인식시키고,

일을 하기 전에

성과목표와 전략 수립과 실행에 대한

권한위임이 이루어져야 한다.

이때 성과코칭의 핵심 스킬인

생각, 경청, 질문, 검증 기법을 잘 활용하여야 한다.

생각은, 코칭대상자의 역할과 책임에 대한 현재의 상태와 수준에 대해

객관적인 데이터를 바탕으로 인식하게 한다.

생각하는 과정을 통해 코칭대상자의 성과관리 프로세스 단계별로

개념과 당위성과 실행 방법을 스스로 사고할 수 있게 한다.

생각의 1차 대상은 코칭대상자의 머릿속의 주관적인 생각을

객관적인 생각인 글로 전환시키게 하는 것이다.

2차 대상은 성과관리 프로세스 단계별로 개념, 당위성, 실행 방법을

객관적으로 하게 하는 것이다.

경청은, 코칭대상자의 역할과 책임, 달성 전략과 방법의 기준에 대한
대상자의 생각을 글과 말로 듣는 것이다.
이를 바탕으로 리더는 실무자의 능력과 역량을 제대로 진단하여
실무자에게 부여할 수 있는 역할과 책임의 크기와 수준을
가늠해야 한다.

질문은, 경청한 내용에 대해
코칭대상자가 왜 그렇게 목표와 방법을 수립했는지,
그렇게 하면 원하는 결과물을 이루는 데 별다른 문제가 없는지 등을
기준에 대한 내용의 근거를 중심으로 물어봄으로써
코칭대상자가 스스로 기준에 부합하는 내용에 대해
생각하고 깨닫는 과정을 통해 해법을 찾아
성과와 역량을 개선하고 발전시킬 수 있도록 하는 것이다.
실무자가 "어떻게 준비해야 할까요?",
"무엇부터 해야 할까요?"를 묻는다면,
리더는 "그 일을 책임지고 있는 실무자로서
당신의 생각은 무엇인가요?"를 되물으면서
실무자 스스로 생각할 수 있도록 도와주어야 한다.
실무자의 생각이 전제되지 않은 리더의 질문은
별 의미가 없다는 것을 명심해야 한다.
코칭의 출발점은 항상 대상자의 생각이다.

검증은, 관찰, 경청, 질문 과정을 통해

성과창출 프로세스 단계별로

코칭대상자의 생각이 기준과 부합하는지 비교·분석하는 것이다.

리더가 생각하기에 코칭대상자의 생각이 아무리 그럴듯하더라도

기준의 조건에 부합하지 않으면

질문과 경청 과정을 통해

명확하게 해법을 깨닫도록 유도해야 한다.

검증이란, 핵심과제, 성과목표, 고정변수 및 변동변수 달성 전략,

예상 리스크 대응방안, 캐스케이딩, 협업, 성과 평가와 피드백 등,

각각의 단계별 기준을 제시하고

코칭대상자가 생각하고 있는 내용이

기준에 부합되게 구조화되었는지

개념과 방법 기준과 비교하고 분석하는 작업을 말한다.

성과코칭에서 사실 가장 중요한 작업은, 바로 검증 작업이다.

그래서 성과코칭은

성과창출 프로세스와 단계별 기준에 대한 깊이 있는 이해가 없으면

대상자를 코칭하기 어렵다는 것을 알아야 한다.

대부분의 리더들은 자신의 업무 경험으로 대신해 보려고 하는데,

그렇게 되면 주먹구구식이 되고 표준화된 체계가 없어진다.

리더는 반드시, 성과코칭을 하려고 하는 사람은 반드시,

성과창출 프로세스의 단계별 기준에 대한 내용 구성방법에 대해

체계적인 교육 훈련을 별도로 받아야 한다.

리더는 해답을 주려고 노력하지 말고

해결책을 실무자가 생각해 내도록 질문하고 경청하고 검증함으로써

실무자가 객관적 사실을 바탕으로 셀프코칭하게 해야 한다.

이는 동기부여 관점에서도

누군가 시키는 대로 하는 것이 아닌 스스로 의견을 내서

자율적으로 해냈다고 생각할 때

더 큰 보람을 느낄 수 있기 때문이다.

| 팀원의 역량을 높여 주는 성과코칭 방법 |

능력과 역량이 부족한 팀원은

일을 진행할 때 목표, 전략, 실행 계획 등 진행 내용을

자신의 생각과 언어로 표현하며 고민하는 과정을

체험해 보도록 하는 것이 필요하다.

리더가 일일이 지시하기보다는

먼저 해당 팀원에게 구두로 해야 할 과제와 마감기간을 요청한 후,

그 팀원이 자신이 이해한 내용을 바탕으로 해야 할 일과

자신이 생각한 결과물의 모습에 대한 스케치페이퍼를

글로 작성하도록 한다.

이때 중요한 것은, 스케치페이퍼의 작성 목적이

실무자가 리더가 요청한 업무 내용을

정확히 이해하고 있는지 파악하는 것이므로

해야 할 일을 단순 나열하거나 마감일정 정도만 적는 것이 아닌

그 일의 배경, 목적, 기대하는 결과물까지 적어 보도록 하는 것이다.

이를 통해 실무자가 업무 내용을 제대로 알고 있는지 파악하고,

결과물의 기준, 실행 방법을 소통하며,

상호 공감대를 사전에 형성하도록 한다.

세부적으로 실천해야 할 과제 리스트도 번호를 붙여 정리하도록 하고,

완료기간, 고려해야 할 항목, 예산 등 일의 주도권을 넘겨주고,

기대하는 결과물을 달성하기 위한 실행 방법을 코칭하는 것이 좋다.

기대하는 결과물을 달성하기 위한 전략과 방법을 코칭할 때는,

리더와 실무자 간의 일에 대한 해석의 차이가 발생하지 않도록

현장의 객관적인 사실을 중심으로 코칭해야 한다.

경험과 지식, 입장과 위치가 다르면

같은 언어도 다르게 해석되는 법이며,

객관적 사실 중심으로 소통해야

논리적인 대화와 설득이 가능하기 때문이다.

또한 지금 발생한 문제를 해결하고

향후에 문제가 생길 위험을 줄이기 위해서는

주관적인 의견과 객관적 사실을 구분해서 설명하는 것도 필요하다.

현재 시장 환경은 어떠한지,

기준 대비 어떠한 전략 실행이 문제였는지,

어떻게 만회할 수 있는지를 객관적 사실을 근거로 소통하며,

실행에 있어 리더가 지원했어야 했던 부분과

어떤 부분에서 힘들었는지 구체적인 내용을 통해

실무자를 코칭하는 것이 효과적이다.

| 성과코칭을 잘 받는 실무자가 되려면 |

실무자들은, 따로 리더가 뭐라고 말하지 않더라도

월간·주간 단위의 기간별 성과목표와 달성 전략을

정기적으로 준비하고,

자신의 능력과 역량에 대한 현재 상태를

구체적으로 문서화하고 있어야 한다.

또한 리더가 부르기 전에, 궁금해하기 전에, 일이 완료되기 전에,

선제적으로 진행상황을 미리 정리해 대화를 시작하도록 한다.

업무에 관한 소통을 잘해야

리더의 코칭을 통해 성과와 역량을 높일 수 있으며 성장할 수 있다.

리더와 실무자 간에 소통이 잘 되려면

성과창출 프로세스를 제대로 이해하고 실행하는 것은 기본이고,

소통할 때에도 다음과 같은 소통 기준을 지키며 진행하는 것이 좋다.

❶ 상황 설명부터 하기보다 결론부터 말한다.

❷ 과제와 함께 항상 목표를 같이 말한다.

❸ 문자보다는 숫자로 말한다.

❹ 객관적인 사실과 주관적인 의견을 구분하여 말한다.

❺ 형용사나 대명사가 아닌 명사로 말한다.

Chapter 10
협업

"문제가 발생하면 즉시 누구에게든 도움을 청하라.
문제가 쌓일수록 해결하는 시간도 늘어나기 마련이다."
- 앤드류 매튜스 -

"자신을 높이 평가해 주는 사람을 거스를 수 있는 사람은 거의 없다."
- 조지 위싱턴 -

"협업 (協業), 생산의 모든 과정을 여러 전문적인 부문으로 나누어
여러 사람이 분담하여 일을 완성하는 노동 형태

협업이란 공동의 성과를 창출하기 위해 자신에게
할당된 역할과 책임을 다하려고 부족한 능력과 역량을 보완하기 위해
다른 사람으로부터 역할과 책임을 지원받는 것이다."
- LD. Ryu -

10 · 1
What
협업이란 무엇인가?

| 질문으로 감잡기 |

우리는 협업과 관련해서

주로 다음과 같은 질문들을 듣거나 해 봤을 것이다.

협업을 하나? 협업을 안 하나?

협업을 잘하나? 협업을 잘 못하나?

협업이 필요한가? 협업이 필요하지 않은가?

협업을 요청하나? 협업을 요청하지 않나?

위의 질문들에는 이런 의미들이 내포되어 있다.

협업을 하다. = 협업은 **행동**을 하는 것이다.

협업을 잘하다. = 협업은 **수준**이 있다.

협업이 필요하다. 협업을 요청하다.

= 협업은 혼자서 하는 것이 아닌 **둘 이상이 하는 활동**이다.

협업은 일의 기본이다.

혼자서 할 수 있는 일은 없기 때문이다.

협업이란 공동의 목표를 달성하기 위해

관련된 구성원들이 역할과 책임을 분담하는 것을 말한다.

조직에 속한 사람은

직책별, 기능별, 기간별로 역할과 책임이 분담되어 있고

각자의 역할과 책임을 다해야

조직이 지속적으로 성과를 창출하게 된다.

협업의 기본정신은,

미래 비전 실현과 공동성과창출과 고객만족과

델리게이션과 캐스케이딩이다.

협업의 근본원칙은

자신이 하고 싶은 대로 일하는 것이 아니라

수요자가 원하는 기간 내에 원하는 것을 제공하기 위해

캐스케이딩 과정을 통해 부여된

역할과 책임의 기준대로 일하는 것이다.

협업을 할 수밖에 없는 이유는

각자 역할과 책임이 다르고 가진 능력과 역량도 다르기 때문이다.

협업의 핵심은 역할과 책임의 명확화이다.

협업을 잘하려면

협업 관계에 있는 조직이나 사람들이

협업해야 할 기준이 무엇인지 합의하고,

결과물을 책임지기 위해 어떻게 할 것인지 충분히 경청하고,

지원할 것은 지원해야 한다.

| 협업의 여러 가지 형태 |

협업의 형태는 여러 가지이다.

상위조직과 하위조직의 협업, 팀과 팀 간의 협업,

상위리더와 하위실무자의 협업, 동료와 동료 간의 협업,

일을 요청하는 사람과 실행하는 사람 간의 협업,

발주처와 협력업체의 협업 등이다.

팀장과 팀원의 관계는 계급적 상하관계가 아니라

팀의 성과창출을 위한 수평적 역할 관계를 전제로 한

수직적 협업 관계이다.

직장과 직장인의 관계는 서열 기준의 종속적 관계가 아니라

미래 비전 달성과 고객가치 창출을 위한 협업 관계이다.

그래서 '부하(Subordinate)'가 아니고

'협업 파트너(Collaborative Partner)'이며

'종업원(Employee)'이 아니라 '구성원(Associate)'이다.

| 수평적 협업과 수직적 협업 |

협업의 형태에서

수평적 협업과 수직적 협업을 구분하는 것은 의미가 있다.

대부분의 사람들은

협업이라고 하는 단어에서 느끼는 어감 때문에

협업은 수평적이라고 생각하기 쉽다.

실제 많은 사람들은 그렇게 생각하고 있다.

조직이나 팀이라고 하는 개념에는

본질적으로 협업이 이미 전제되어 있다.

혼자서 역할과 책임을 다하기에는

부족한 능력과 역량 때문에

다른 구성원들로부터

일부 역할과 책임을 협업을 통하여 지원받는 것이다.

수평적 협업이란,

자신의 역할과 책임을 수행하기에 부족한 능력과 역량에 대해서

같은 팀의 다른 동료나 타 유관부서에

역할과 책임을 지원하고 요청하는 것이다.

수평적 협업을 할 때는

반드시 납기와 역할과 책임의 3가지 조건을

협업을 요청하는 상대방에게 전달해야 한다.

그리고 협업에 대한 의사결정은 항상 상위리더의 몫이다.

모든 조직과 구성원들은 나름의 역할과 책임을 다하기 위해

이미 시간과 자원을 배분해 놓은 상태이기 때문에

추가 자원이 필요한 협업은 당사자가 결정할 수 없으므로

항상 한정된 자원에 대한 배분 권한을 가진

상위리더가 의사결정을 해 주어야 한다는 것이다.

수직적 협업이란,

실무자가 자신의 역할과 책임을 수행하기 위한

상태적 목표, 달성 전략, 실행 계획을 수립하고,

제대로 수립했는지 리더로부터 코칭을 통하여 검증을 받는다든지

실무자가 도저히 해결 불가능한 변동변수나 예상 리스크요인에 대한

실무적인 해법을 대신 도움받는 것을 말한다.

협업은, 자신의 역할과 책임을 수행하는 데 부족한 능력과 역량을

동료나 상위리더로부터

역할과 책임을 지원받는 것이 기본적인 속성이다.

보통 수평적 협업은 협업이라고 생각하는 데 반해,

수직적 협업은 업무지시쯤으로 생각해서

협업의 범주에 포함시키지 않는 경향이 있다.

그런데 협업의 비중을 보면,

수평적 협업이 30% 이내라면 수직적 협업이 70% 이상이다.

그만큼 협업에 있어서 수직적 협업이 중요함에도 불구하고,

그동안 논의의 대상에서는 제외되어 왔다고 봐야 한다.

아마도 수직적 협업이라고 하는 개념 자체를

가지고 있지 않았다고 봐야 할 것이다.

수직적 협업에는

성과코칭과 변동변수 해법,

예상 리스크 대응방안의 3가지가 핵심인데,

그동안 매니지먼트 활동이나 리더십에서는

거의 다뤄지지 않은 영역들이다.

결국 개인의 역할과 책임을 완수하거나 조직의 성과창출을 위해서는

상위리더의 수직적 협업 3가지 활동이 매우 중요한데,

이를 위해서는 선행적으로

상태적 목표와 달성 전략의 고정변수와 변동변수를

객관화하고 구체화하는 것이 관건이 될 것이다.

10 · 2
Why
왜 협업을 해야 하는가?

| 사람들의 답변 |

지금까지 협업이 무엇인지를 알아보았다.

그럼 왜 협업을 해야 하는지에 대한 답을 할 수 있는가?

· 조직 생활은 협업이 기본이다 ·

조직의 입장에서 협업은 선택할 수 있는 문제가 아니다.

꼭 해야만 하는 과제이다.

과학기술과 정보통신 기술의 발달로 인해 업무 도구는 고도화되고,

고객 중심의 시장으로 인해

고객의 니즈와 원츠는 세분화되고 구체화되고 있고,

구성원들이 수행하는 역할과 책임은 점점 세분화되어 가기 때문에

어느 한두 사람이 모든 업무를 실행할 수 없는 구조이다.

그리고 아무리 예전의 업무 경험이 많은 상위리더라고 하더라도

과거의 업무환경은 빠르게 다른 형태로 진화했거나

달라졌다는 것을 인정해야 한다.

오늘날 우리가 접하는 정보의 약 90%는

최근 2년 내에 만들어진 것이라고 한다.

우물 안 개구리처럼

조직 내부에서 가지고 있는 정보와 기술력만으로는

조직의 경쟁우위를 확보하기에는

점점 어려운 세상이 되고 있는 것이다.

이러한 상황에서

조직 내에서 모든 정보와 지식을

수집하고 활용하겠다고 고집하는 것은

불가능할뿐더러 좋은 전략이 될 수 없다.

게다가 정보통신 기술의 발달로

협업하기에 좋은 도구들이 생겨나고

실시간으로 지역의 경계를 넘나드는 네트워킹이 가능해졌다.

조직에 맞는 훌륭한 협업 파트너를 찾아

어떻게 협업하느냐에 따라

조직의 위상뿐만 아니라 존폐가 결정되는 것을

우리는 수시로 접하고 있다.

또한 조직 내부에서도 부서 간 협업을 통해

보다 나은 대안과 아이디어들을 효과적으로 발전시켜

조직의 경쟁력을 높여야 한다.

• 사람은 사람으로 성장한다 •

자신의 일을 수행하는 데 있어

다른 정보나 지식이 없어도 된다고 느낄 수도 있고,

오히려 누군가와 함께 일하는 것이

귀찮거나 시간 낭비라고 생각할 수도 있다.

그러나 사람은 사람으로 성장한다는 것을 기억해야 한다.

미래의 직업과 기술력이 점점 쉽게 정의 내리기 어려워지면서

다른 사람과 함께 일하고 배우는 것은 매우 중요해졌다.

조직의 다른 사람을 조금 더 잘 알게 된다는 확실한 이점 외에도

직속 팀 외부의 사람들과 협업하면

혁신과 창의성을 고취하고

서로 전혀 다른 역할에 대해 배울 기회를 얻을 수 있다.

누구와 함께 일하는가,

어떻게 서로 일하며 나와 상대를 맞춰 갔는가 하는 경험이

조직에서 자신을 성장시키는 데 중요한 요소가 된다.

그러므로 개인으로서 뛰어나기 위해서라도 협업은 필요하다.

자신과 다른 역량을 가진 사람들,

다른 성향과 다른 세계관을 가진 사람들,

심지어 자신보다 능력이 부족해 보이는 사람들과

자신이 어떻게 역할을 나누고

성과를 창출하기 위해 협업하며 노력했는가가

장기적인 관점에서는

자신의 커리어(Career) 성장에

가장 큰 경험치가 될 것이기 때문이다.

10 · 3
How
어떻게 협업해야 하는가?

이제 협업이 무엇인지, 왜 협업이 필요한지 알았다.
그럼 협업을 잘하기 위해서는 어떻게 해야 할까?

| 협업의 전제조건: 역할과 책임의 명확화 |

협업의 전제조건은, 협업에 참여하는 사람들의
역할과 책임, 능력과 역량을 파악하는 것이다.
협업의 형태가 상위조직과의 협업인지,
팀 간의 협업인지, 리더와 구성원의 협업인지,
구성원 상호 간의 협업인지에 관계 없이
지켜야 하는 원칙이다.

협업에 참여하는 사람들이

지금까지 그리고 앞으로 어떤 일을 하고

어떤 역할과 책임을 맡고 있는지를 알아야

협업의 적절한 시기와 범위를 결정할 수 있다.

협업에 참여하는 구성원들의 능력과 역량의

현재 수준을 제대로 모르면

협업을 위한 역할과 책임을 결정한다고 해도

효과적으로 협업을 할 수가 없다.

함께 일하는 조직의 동료들은 배타적인 경쟁의 상대가 아니라

상위목표를 위해 당신과 협업해야 할 파트너,

책임을 분담하는 파트너이다.

동료와 함께 고민해야 할 것은, 누가 더 낫고 더 부족한지가 아니다.

팀이나 조직 전체의 성과창출을 위해

서로 역할과 책임을 어떻게 분담해야 보완이 될지,

어떻게 해야 능력과 역량이 극대화되고

시너지가 창출될지를 고민해야 한다.

동료들과 협업을 잘하기 위해서는

상위조직의 리더가 조직 목표를 달성하기 위해

역할과 책임을 분담해 주면 좋은데,

이는 리더가 수시로 성과코칭을 하고 있을 때 더욱 가능한 것이다.

협업이라는 단어는 여러 조직이 함께 화합해서 일한다는 의미다.

협업을 할 때 가장 먼저 해야 할 일은

일을 시작하기 전에

협업해야 할 역할과 책임을 상대방에게 요청하는 것이다.

협업이 제대로 이루어지기 위해서는

팀 간이라면 본부장이나 임원이, 팀원 간이라면 팀장이,

먼저 협업을 통해서 이루어 내야 할 결과물에 대해

상태적 목표를 구체화하고,

세부구성요소에 대한 목표에 대해

관련 조직이나 구성원들에게 협업을 요청해야 한다.

조직 상호 간, 개인 상호 간에 할 역할과 책임져야 할 결과물,

마감일정과 지원 요청사항에 대해

사전에 합의하고 결정해야 한다.

| 협업을 잘하려면 |

협업은, 함께 일하는 것을 통합하고 성과를 만들어 내는 것이다.

협업이란, 서로 열심히 해 보자고 응원하고 구호만 외치는 것이 아니라,

공동의 목표를 달성하기 위해서 정해진 기간 내에,

각자 해야 할 역할과 책임지고 기여하고 달성해야 할

결과물의 기준을 합의하고,

각자 철저하게 실행하여 각자의 성과를 창출하는 것이다.

협업을 제대로 하려면, 조직에서 원하는 일을 해야 한다.

조직의 성과창출에 기여하기 위해 해야 할 일을 해야 한다.

협업의 요체는,

일을 시작하기 전에 역할과 책임의 기준을 상호 합의하고,

일이 끝나고 난 후에

기여한 성과에 대해 공정한 평가와 보상을 해야 한다.

일이 시작되고 나서, 일이 진행되는 중간에 혹은 막판에,

협업해야 할 과제를 요청하면

요청받는 조직이나 사람들도 기존에 하던 일이 있기 때문에

제대로 협업해 주기가 곤란할 수 있다.

특히, 상하 간의 협업과 타 부서, 타 조직과의 협업에서는

역할과 책임을 완수하기까지

완료할 시간의 최초 10% 시간 범위 내에서

초반에 협업해야 할 과제를 예측할 수 있도록

상호 공유되어야 한다.

다른 조직과 다른 사람들은

자신을 도와주기 위해 존재하는 것이 아니라

그들 자신의 본연의 역할과 책임을 다하기 위해

존재하는 것이기 때문이다.

협업이 완료되고 나면

협업의 성과에 대해 평가하고 피드백하고

성과를 인정하고 감사의 표시를 해야 한다.

공동의 개선과제를 도출하여

선행적으로 차기 목표, 전략, 계획에까지 반영할 때

비로소 협업이 완료된 것이다.

| 협업에 대한 새로운 접근법 |

'협업' 하면 사람들이 떠올리는 것은?
아마도 공유, 회의, 협업 도구(Tool), TFT,
불편함, 귀찮음, 갈등, 논쟁, 시간 등이 될 것인데,
보통 긍정적인 것보다 부정적인 것이 많다.
이는 조직에서 협업을 하면 좋지 않은 결과가 나왔거나
의도하지 않은 경험을 했기 때문일 것이다.

예를 들어,
협업하는 주체들 간에 성과를 나누어야 하는 문제와 같이
겉으로는 협업처럼 보이지만
내부적으로는 경쟁적 긴장을 유발하는 성격의 업무가
조직에서는 많으며,
이런 형태의 협업은
내공이 쌓이지 않은 조직에서는 실패할 가능성이 높다.
따라서, 조직과 개인의 첨예한 이해관계가 걸려 있지 않고,
협업의 경험이 개인적으로 도움이 될 만한 주제에서부터
협업을 늘려 나가는 것이 효과적이다.

예를 들어,

회사의 신사업 아이디어 도출, 리더십 프로그램 개발,

근무시간 줄이기 캠페인, 직원들의 워라밸 개선 등,

구성원들이 관심을 가질 수 있고

새로운 경험으로 받아들일 수 있는 과제는

구성원들에게 협업에 대한 문턱을 낮추고

마인드를 보다 오픈하도록 도와줄 수 있다.

| 협업은 함께 일하는 새로운 문화이다 |

또한 조직은 구성원들에게
협업은 개인의 역량이 아니라 사고방식이고 태도라는 점을
명확하게 심어 주어야 한다.
협업은 다른 사람과의 대화와 공유를 통해
타인을 배제하기보다는 참여시키는 것을 선택하는 것이다.

상대방과의 경쟁우위를 비교하고 이익을 따지는 것이 아니라
함께 일하면서 상대방의 좋은 점을 배우고
자신이 기여할 수 있는 것을 공유하려는 태도이다.

협업을 거부하거나 싫어하는 사람들은
방법을 모르거나 못해서가 아니라
그럴 마음이 없기 때문이다.
따라서 조직은, 협업을 '어떻게' 해야 하는가보다
'왜' 해야 하는가에 집중하여
구성원들에게 전달하여야 한다.

협업의 본질을 이해하고,

'왜' 필요한 것인지를 조직 전체가 인식하고,

긍정적인 경험을 지속적으로 축적해 나간다면,

더욱 속도감 있게 변화하는 사업 환경에 대응할 수 있는

근본적인 조직경쟁력을 갖출 수 있을 것이다.

능동적으로 일하면 '일'이고, 수동적으로 일하면 '노동'이다

똑같이 일을 하더라도
어떤 일은 힘이 들고 하기 싫고
마지못해 하는 경우가 있다.
또 어떤 일은 일하는 것이 즐겁고
더 주도적으로 하고 싶은 경우가 있다.

일의 주인이 자신이냐 아니냐에 따라
일을 대하는 마음가짐이나 태도, 행동이 달라진다.

일의 주인이 자신이라는 의미는,
일을 해서 성과를 창출하기 위한
상태적 목표를 설정하는 권한,
달성 전략과 실행 방법에 대한 권한이
자신에게 있다는 뜻이다.

무슨 일을 하든지

일을 하기 전에

기대하는 결과물이 무엇인지 구체화하고

달성 전략과 실행 방법을

자기주도적으로 고민한다면

그 일은 노동이 아니다.

일을,

수요자에게 가치를 기여하는 행위로 생각하는가,

시키니까 마지못해 하는 행위로 생각하는가에 따라

신바람 나게 일할 것인가 끌려가듯이 일할 것인가의

갈림길에 서게 된다.

노동을 하든 일을 하든,

선택은 자신의 몫이다.

핑계 대고 변명하고 불평해 봐야

그 누구도 대신할 수 없는 것임을 명심해야 한다.

"일은

자기 인생의 고유가치를 찾아가는 과정이며,

미션과 비전을 실천하는

의미 있는 공연이다."

"일의 원칙은, 액자에 넣어 두는 것이 아니라 일상 업무에 적용하는 것이다!"

많은 기업들이 일의 원칙을
일상 업무에 적용하여 제대로 일하는 문화를 만들어 가며
저마다 목표하는 성과를 창출하기 위해
나름대로 다양한 노력을 하고 있다.

대구에 본사를 두고 있는
우리나라의 대표적인 임플란트회사인
메가젠임플란트(대표이사 박광범)는
임플란트 제품과 치과병원에서 사용하는
환자용 체어의 탁월성과 차별성으로
하루가 다르게 성장하고 있다.

우리나라에서보다는 유럽과 해외에서

훨씬 더 많이 알려져 있고,

제품의 70% 이상을 해외로 수출하고 있다.

CEO를 맡고 있는 박광범 대표이사는 현직 치과의사로,

우리나라 최고의 임상가 중 한 분으로 인정받을만큼 뛰어나며

대구 미르치과병원의 대표원장을 맡아

일주일에 2번씩은 직접 진료를 하고 있기도 하다.

현직 치과의사가 최고경영자를 맡고 있어서 그런지

경영방식이나 경영철학도 매우 독특하고 치밀하다.

인간 중심의 경영철학과 독특한 조직관리 방식으로

'CEO 직진성 방사형 플랫조직'이라고 하는

수평적인 역할과 책임에 기반한 조직운영 방식으로

아무나 흉내 내기 어려운 경영을

시행착오와 어려움도 있지만 매우 잘 해내고 있다.

대표이사가 직접 미션과 비전과 인재상과 핵심가치를 세우고

매월 전사조회를 통해 전 구성원과 직접 소통하고

각각의 기준에 맞게 일상적인 업무 활동에 적용하고 있다.

특히 인재상을 '다운사람'으로 정해서

성과와 역량 중심의 인사철학을 바탕으로

생각이 있는 사람, 정직한 사람, 성장하는 사람,

예의 있는 사람, 협업할 수 있는 사람을 강조하고 있다.

메가젠임플란트의 핵심가치는

대표이사가 직접 정한

"예측이 가능하고, 계획한 대로 이룬다."이다.

나는 처음에 이 문구를 보고 깜짝 놀랐다.

"예측이 가능하고 계획한 대로 이룬다."라는 의미는

성과 중심으로 일하는 원칙의 정수를 보여 주고 있기 때문이다.

정말 세상은 넓고 숨어 있는 훌륭한 CEO들이 많다는 사실을

늘 체감한다.

메가젠임플란트의 핵심가치인,

"예측이 가능하고, 계획한 대로 이룬다."는

이 책에서 필자가 이야기하고자 하는 '일의 원칙'을

아주 압축적으로 보여 주는 문장이라고 할 수 있다.

일을 시작하기 전에

예측이 가능해야 하는 것은

기대하는 결과물이다.

일을 하기 전에

일을 하고 난 후

기대하는 결과물이 무엇인지

구체적으로 예측할 수 있어야

실행 방법과 실행 과정에 대한

의사결정 기준으로 사용할 수 있다.

왜냐하면

한정된 자원으로 기대하는 결과물을 달성해 내기 위해서는

실행 과정이나 방법이

기대하는 결과물에

인과적인 선행과제들이 실행되어야 가능하기 때문이다.

기대하는 결과물의 기준은

실행 과정과 방법에 대한 의사결정 기준이다.

의사결정 기준이 명확하지 않으면

한정된 자원의 전략적 배분, 인과적 배분을 할 수 없다.

계획의 대상은,

정해진 기간 내에

기대하는 결과물을 성과로 창출하기 위해

실행하려는 고정변수와 변동변수에 대한 타깃별 공략 방법과

실행 계획과 기간별 과정결과물이다.

모든 기업과 CEO와 임원, 팀장, 팀원들이
'일의 원칙'을 일상 업무 활동에 적용하여
누구나 자신이 원하는 성과를
지속적으로 창출할 수 있기를 기대해 본다.

"무슨 일을 하든지
기대하는 결과물이나 목표가 예측 가능하고
정해진 기간 내에 계획한 대로 이룰 수 있다면
원하는 성과를 지속적으로 창출할 수 있다."